主动干预系统

职业化的基因密码

曲洪良◎著

企业管理出版社

图书在版编目（CIP）数据

主动干预系统：职业化的基因密码 / 曲洪良著. —北京：企业管理出版社，2024.1

ISBN 978-7-5164-2966-2

Ⅰ．①主… Ⅱ．①曲… Ⅲ．①人力资源管理—研究 Ⅳ．① F243

中国国家版本馆 CIP 数据核字（2023）第 188996 号

书　　名	主动干预系统：职业化的基因密码
书　　号	ISBN 978-7-5164-2966-2
作　　者	曲洪良
责任编辑	李雪松
出版发行	企业管理出版社
经　　销	新华书店
地　　址	北京市海淀区紫竹院南路 17 号　　邮　　编：100048
网　　址	http://www.emph.cn　　电子信箱：emph001@163.com
电　　话	编辑部（010）68701638　　发行部（010）68701816
印　　刷	三河市荣展印务有限公司
版　　次	2024 年 1 月第 1 版
印　　次	2024 年 1 月第 1 次印刷
开　　本	710mm×1000mm　1/16
印　　张	10.5
字　　数	135 千字
定　　价	68.00 元

版权所有　翻印必究　·　印装有误　负责调换

PREFACE 前 言

　　人的生命系统是大自然精妙绝伦的设计。生物科学把人体的器官按照功能分为八大系统，分别为运动系统、神经系统、内分泌系统、循环系统、呼吸系统、消化系统、泌尿系统、生殖系统。如果从生物功能的角度，还可以再分为代谢系统、免疫系统、心理系统等，这些天赋的系统决定了一个人作为弱小的生物体最基本的生理与心理的需求和行为，也决定了卑微的生命体像尘埃般在浩瀚无垠的宇宙中飘荡沉浮的轨迹和路线，就如同一粒石子在水面惊起小小的涟漪，迅速消失后一切又归于平静，被动地接纳命运似乎变得顺理成章。

　　然而这并不是生命系统的全部。人的主观能动性在生命系统中潜伏着强大动力，引领着生命系统持续向前，这是生命力的精神归属和能量源泉，笔者把这种生命力的精神归属和能量源泉定义为：意识觉醒后，由信、知、行、习、性、运、命组成的主动干预系统。主动干预系统并不是自动自发就会运转发挥功能，在不同的人身上会有不同的表现。主动干预系统没有启动，生命力是只会依附于生理和心理的本能属性，所表现出来的行为也大多是依赖情绪驱动的非理性行为，甚至不能控制自己的行为。主动干预系统在意识觉醒后，通过信仰和知识驱动个人的理性行为，养成善微习惯，形成独特魅力的个性，积极革新求变，坚守

"命运为我做减法，我为生命做加法"的使命感，在有限的时间和空间内努力拓展生命的宽度和厚度，生命力会变得更加富足丰盈。

主动干预系统理论是笔者在从事人力资源开发和提升组织效能工作中，为了解决员工职业发展规划和项目运营管理中面临的各种问题，经过系统思考后形成的，在实际运用中，无论是对提升公司及团队业绩，还是对促进员工职业发展，颇有助益。在这个过程中，笔者有意识地将主动干预系统应用于生活中的各个场景，也均有增益。主动干预系统不仅可以帮助在职场上的拼搏者建立相匹配的职业发展规划，在职业化的道路上少走一些弯路，帮助企业和团队实现组织目标，提升组织效能，也可以令一些陷入生活困境及对于未来无所适从的读者，开启生活的新篇章。

本书以主动干预系统在职业化和商业化过程中的实践为例，系统论述了以"意而始，韧于信，正于知，演于行，成于习，显于性，变于运，授于命"为内核的主动干预系统的运行原理。不仅如此，主动干预系统还可以应用到工作、家庭、生活的各个方面，以主动自发的状态重新构建职业发展、工作压力、家庭关系、情绪控制、健康管理、精神归属等全过程的自我认知。

主动干预系统理论并不是劝人励志的成功学，而是综合哲学、心理学、行为学、生物学等各学科之后形成的新的认识和概念。作为理论，一定要通过践行的验证，才会实现学以致用的目标，否则只会用"朝闻道，夕死可矣"的慨叹来感动自己，因为践行之路是漫长的，而这也正是主动干预系统发挥作用的过程。

CONTENTS | 目 录

序章 意识的觉醒 　　　　　　　　　　　　1

　　第一节　主动干预系统原理　　　　　　　2
　　第二节　觉醒的意识开启主动干预系统　　6
　　第三节　职业化与主动干预系统　　　　　9
　　第四节　商业化与主动干预系统　　　　　12

第一章 韧于信 　　　　　　　　　　　　　17

　　第一节　信生坚韧　　　　　　　　　　　18
　　第二节　信的属性　　　　　　　　　　　24
　　第三节　信的基础　　　　　　　　　　　27

第二章 正于知 　　　　　　　　　　　　　33

　　第一节　知的价值　　　　　　　　　　　36
　　第二节　知的被动　　　　　　　　　　　43

第三节　知的区分　　55
　　第四节　知的主动　　60

第三章　演于行　　65

　　第一节　行未必果　　67
　　第二节　行不必果　　72
　　第三节　行已是果　　74
　　第四节　知难行易　　75

第四章　成于习　　83

　　第一节　习的本意　　85
　　第二节　习的惯性　　89
　　第三节　习久为性　　95
　　第四节　习的养成　　96

第五章　显于性　　99

　　第一节　性之差异　　102
　　第二节　性之魅力　　105
　　第三节　性之魔力　　107

第六章　变于运　　　　　　　　　　115

第一节　运之本意　　　　116
第二节　运之概率　　　　120
第三节　运的变数　　　　123

第七章　授于命　　　　　　　　　　127

第一节　命的进化　　　　130
第二节　命的弹性　　　　133
第三节　命的延伸　　　　136
第四节　命的真谛　　　　138

第八章　觉醒的力量　　　　　　　　141

第一节　职业化的基因密码　　　　143
第二节　心态重塑：
　　　　积习难除，可以增加一个善微习惯　　　　148
第三节　跑步人生　　　　151

后记　　　　　　　　　　　　　　155

参考书目　　　　　　　　　　　　157

序章 意识的觉醒

第一节　主动干预系统原理

"人类一思考，上帝就发笑"，这是一句古老的犹太谚语，米兰·昆德拉[①]在 1985 年耶路撒冷文学奖颁奖典礼的演讲词中使用了它。远古的先知和智者，惊叹于未知的神秘力量和人类的蒙昧无知，发出了这样的感慨，的确是因为人类在宇宙时空和自然天地中的存在，实在是过于渺小而微不足道。另外，既然人类被慷慨地赋予了"思辨的能力"，或许就是为了让人类完成"探索"的使命，发现人类作为不同于其他物种的特殊存在所必须承担的责任和履行的义务，以证明这颗蓝色星球中神奇的生命并不是偶然天成，而是"冥冥之中，独见晓焉"[②]。

借助于自然赐予的功能，人类已经进化到地球生物链的最顶端，也早已不存在自然界的天敌，一定要树一个天敌的话，那只能是人类自己。哪种生物的毁灭，不但不会破坏地球的生态系统，反而能够帮助地球恢复自然生态的平衡？答案除了人类也别无他选。人类活动对地球生态系统的破坏，主要的恶果是日益严重的温室效应。人类活动产生的碳排放已经达到史无前例的程度，可能这也是 20 世纪以来导致全球变暖的主要因素之一。

尽管人类的能力确实有限，既没有透视万物的"火眼金睛"，也没有洞察一切的"照妖宝镜"，唯一可以依赖的只有思辨能力及集几千年

[①] 米兰·昆德拉（Milan Kundera），捷克裔法国籍作家，著有《不能承受的生命之轻》《笑忘录》等。

[②] 《庄子·外篇·天地》。

人类文明之大成的知识宝库。但会不会恰巧正是这微弱的思辨能力，可以打开真理世界的一扇窗，有机会窥探到真理世界的一角，在真理世界的殿堂改写人类改造地球的进程，让人类超越了物种的界限，成为自然万物的真正守护者，这不正是人们喜闻乐见的超级英雄电影的主题吗。

人的生命系统的运行，基于生理系统能量和心理系统能量的共同驱动。在现代生物学理论中，生理活动所需的基本能量是热量，用卡路里（Calorie）[①]表示，主要来自蛋白质、脂肪和碳水化合物。在心理学理论中，维持心理活动的基础能量被命名为力比多（Libido）[②]，主要来自欲望、本能和需求。心理活动过程主要通过生物电波和神经递质传递信号和信息，从这个意义上说，力比多的物质基础能量应该还是来自热量。人的生理活动产生了生理需求，通过需求驱动的行为来满足人作为生物体的基本机能，人的心理活动产生心理需求，催生了意识，意识把心理活动的对象区分为知觉、情感和精神（知、情、意），从而产生了求知欲望、情感需求和精神追求。生理需求驱动着人的本能行为，包括呼吸、饮食、驱寒、保暖、睡眠、性行为等。心理需求驱动着人的感性行为和理性行为，感性行为来自情绪和精神的支配，包括

---

① 卡路里（Calorie），简称卡，由英文音译而来。其定义为在1个大气压下，将1克水提升1摄氏度所需要的热量；卡路里是一种热量单位，被广泛使用在营养计量和健身手册上，国际标准的能量单位是焦耳（Joule）(百度百科)。

② 奥地利心理学家西格蒙德·弗洛伊德（Sigmund Freud）在《性学三论》中说道："我们从其他的精神能量区分出力比多能量（Libido Quantum）的概念，我们称其精神表现为自我欲望。"

瑞士心理学家荣格在《人、艺术与文学中的精神》中说道："我相信，在心理学上，真正的科学态度同样会引导我们得出这个结论：心理的动态过程不能简化成这种或那种明确的本能，这只会让我们回到燃素理论的时期。我们必须把各种本能视为心理的组成部分，然后从它们的相互关系中提取出我们的解释原理。因此，我认为最好是假定一个假设性的量，'能量'，作为一个心理学的解释原则。我们称之为'力比多'，指的就是这个词的传统意义，对其实体性不带任何偏见。在这个量的帮助下，我们就可以用一种没有异议的方法来解释心理动力过程，而不会导致任何具体解释所无可避免带来的扭曲。"

悲喜、爱憎、好恶等；理性行为则来自知觉的支配，包括辨别真伪、权衡利弊、判断是非、识别美丑、区分善恶等。知识支配的知觉系统，则为人的主动干预系统，主动干预系统的启动与运转，能够调动人的主观能动性和逻辑思维能力，开发尚未被识别察觉的潜能，从而实现存在的意义和使命。

人类被赋予的思辨能力，是一种最原始的超物质的功能，这种功能虽然天生就有，但如果没有意识到这种功能的存在，这种思辨能力就始终隐藏在不为己知的角落里，不会被发掘出来得到最大程度的发挥，出现这种自我认知偏差的主要原因是自我意识的错位和元认知的缺位。自我意识（Self-awareness）也称自我，指的是个体对自己的理解、认识、体验和期待，包括身体健康、知识能力、性格特点、行为习惯、精神心理、信仰追求等。自我意识包括目的性、主动性、片面性等特点，一般认为对人格的形成与发展起着调节、监控和矫正的作用[①]。元认知的概念，以元认知研究的开创者约翰·弗拉威尔[②]所作的定义最具代表性。他于1976年首先提出元认知概念，他认为（1981）："个人关于自己的认知过程、结果及其他相关事情的知识"，以及"为完成某一具体目标或任务，依据认知对象对认知过程进行主动的监测和连续的调节与协调活动过程"，后在1986年被他精简为"反映或调节认知活动的任一方面的知识或认知活动"。元认知既是静态的，也是动态的，是"个人对认知领域的知识和控制"，包括两个方面的内容：一是有关

[①] Richard P Lipka, Thomas M Brinthaupt. Self-perspectives Across the Life Span [M]. Albany, SUNY Press, 1992. 作者按：在英文中，自我认知翻译为self-concepts，指的是对本我的直观感受，自我认知和自我意识是有区别的

[②] 约翰·弗拉威尔（John Flavell），出生于美国马萨诸塞州罗克兰市，发展心理学家，专门研究儿童认知发展。他的《皮亚杰的发展心理学》被认为是记录皮亚杰的成果最全面和最有学术价值的著作之一。1970年，担任美国心理学会（American Psychological Association, APA）发展心理学部门的主席，认知心理学编辑委员会的创始人之一，斯坦福大学发展心理学的名誉教授。1984年获得美国心理学会杰出科学贡献奖，并于1994年当选为美国国家科学院院士。

认知的知识，二是对认知的控制。一方面，元认知是一个知识实体，包含关于静态的认知能力、动态的认知活动等知识；另一方面，元认知是一种过程，即是对当前认知活动的意识过程、调节过程，作为"关于认知的认知"，元认知被认为是认知活动的核心，在认知活动中起着重要作用[1]。

根据罗马帝国时代的古希腊哲学史家第欧根尼·拉尔修[2]的记载，有人问泰勒斯："何事最难为？"他应道："认识你自己。"[3]自我意识的错位和元认知的缺位，原本就是一件自然事件，是需要挖掘开发的潜能。自我意识和元认知的发展变化，随着生命处于不同的阶段而呈现出不同的特点，比如在三岁左右具备了"我"的概念之后出现了第一次逆反期，到了青春期因为生理发育出现了第二次逆反期等，这些逆反行为都受自我意识的支配而不自知。即使随着生理、心智的发育到了某个阶段而变得成熟不再逆反时，其原因更多的是受生理需求支配而出现的自然中止行为，而不是有意识的主动中止行为。有意识的主动行为，需要意识的觉醒，而对于每个人而言，意识的觉醒并不是一个必然的过程，因为意识处于心理活动的最底层，不能靠感官就可以察觉，而是一定需要知觉系统累积足够相关知识，可以发挥思辨能力之后才有可能触发，而人的意识一旦觉醒，则会启动由知识支配的知觉系统——主动干预系统。

人之七格主动干预系统（Active Intervention System，AIS）是由信（Believe）、知（Knowledge）、行（Action）、习（Habit）、性（Personality）、

---

[1] 陈会昌，庞丽娟，申继亮，等.中国学前教育百科全书（心理发展卷）[M].沈阳：沈阳出版社，1994.

[2] 第欧根尼·拉尔修（Diogenēs Laertius），罗马帝国时代作家，生平不详，以希腊文写作，是重要史料《哲人言行录》的编纂者。

[3]《哲人言行录》卷一。"认识你自己"，相传是刻在德尔斐神庙阿波罗神殿门前的三句箴言之一，也是其中最有名的一句。另外两句是"安立誓则祸近"和"凡事勿过度"。

运（Reform）、命（Mission）组成，七格是人的一生中最重要的、完整的、动态的系统链，意生信、信生知、知生行、行生习、习生性、性生运、运生命，七格之间，相互作用，相互影响，由意识启动，信念续力，知识支配，行动智用，习格聚能，性格质变，运筹变革，使命引领，最终完成由意而始，韧于信，正于知，演于行，成于习，显于性，变于运，授于命的系统运转，这是主动干预系统的原理（见图序-1）。

韧于信　正于知　演于行　成于习　显于性　变于运　授于命

意识的觉醒

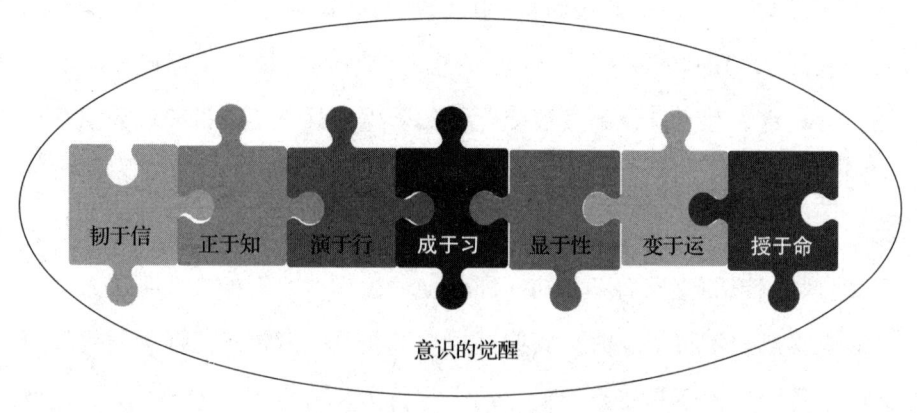

图序-1　主动干预系统原理

第二节　觉醒的意识开启主动干预系统

生命是一个运动变化的过程，受客观规律的支配，生命的赋予、信仰的敬奉、知识的获取、言行的偏好、习惯的养成、性格的生成、机遇的转变、生命的消亡，绝大部分的过程都是被动的和无意识的，人真正有意识地发现自己的使命，主动地、有目的地重新塑造自己的生命过程，笔者称其为"意识的觉醒"，意识的觉醒常常是因为需求的刺激和使命的引领。"意识的觉醒"是最容易被忽视的心理活动,威力强大,正如漏洞(bug)[①]对系统的破坏力,几行简单的代码就能让系统崩溃一样,意识一旦觉醒,就像是按下开关一样开始摧毁旧的无意识的生命系统,新的有意识的生命系统开始重建,而这个系统的重建过程,就是人之七格主动干预系统开始发挥作用的过程。

  人之七格与人格密切相关,但又不完全相同,不同之处在于,人格只是结果和现象,而人之七格则是一个动态变化的、内在关联的、能够主动进行干预的系统,或者从某种意义上说,人之七格主动干预系统揭示了人格是如何形成的。但本书的内容重点不在于此,而是试图通过"意识的觉醒",启动人之七格主动干预系统,让人之七格按照意识的指引而不是本能的惯性去运行,从而形成积极向上的人生观,建设丰盛健康的人生。主动干预系统事关健康、财富、心理、情绪、精神和各种关系的重构与重建等各个方面。

  在生理学、心理学和社会学中,对意识有不同的定义。生理学中的意识,指的是人的大脑对自身及外部表象的察觉,意识功能不可逆转地丧失和停止(脑死亡)是死亡的判定标准之一。心理学中的意识,指的是人的心理活动和心理现象的总和,表现为认知、情绪和价值的统一。社会学中的意识,指的是集体观念和社会观念的集合,比如意识形态的不同,容易造成社会的撕裂和动荡。本书中的意识,更接近心理学意识的定义,指的是个体对自我认知和自然认知的心理活动。西格蒙德·弗洛伊德[②]认为,在人的心理活动中,还有一部分是不被察觉的或者是在

[①] bug:本意为虫子,后被引申为"缺陷、故障、错误或漏洞"。自19世纪70年代以来,用于描述缺陷的"bug"一词一直是工程术语的一部分,早于电子和计算机,最初用于硬件工程来描述机械故障。例如,托马斯·爱迪生在1878年给一位同事的信中写道:"……困难出现了——这个东西给了,然后'虫子(bug)'就像这些小故障和困难一样表现出来……"

[②] 西格蒙德·弗洛伊德,奥地利心理学家、精神分析学家、哲学家,精神分析学的创始人,20世纪具影响力的思想家之一。他生于奥地利帝国摩拉维亚的弗莱堡(今属捷克)的一个犹太家庭,从维也纳大学毕业后一直在维也纳工作,后因躲避纳粹,迁居英国伦敦。他著有《梦的解析》《性学三论》《图腾与禁忌》等,提出了"潜意识""自我""本我""超我""俄狄浦斯情结""欲力""心理防卫机制"等概念,被世人誉为"精神分析之父"。

察觉前已经发生了的心理活动，这部分心理活动决定了人的认知、情感和价值观等，被称为潜意识。潜意识与意识共同构成了人的全部心理活动和认知活动。

人的绝大部分心理活动、情绪反应、言行举止和社会活动，都受客观规律、生存状态和社会环境的支配，是被动的。潜意识的形成原因和活动机制，更不被人所察觉，在某种意义上说，人就是受潜意识操纵的"木偶"，潜意识就是提线，决定着木偶的一举一动。

意识所认知的世界，是客观存在的，但意识认知的客观存在，又是投射在意识中的镜像。没有了意识，就不能感知客观存在，没有了客观存在，意识也就无从感知，变成了虚无。所以，物质决定意识，意识是物质的反映。意识的觉醒，就是发现和改变潜意识的运行规律和机制，避免潜意识支配下的认知与客观存在脱节，引发矛盾冲突导致结果不符合预期，这是一个主动挖掘的过程，是人的能动性的本源。唤醒沉睡的潜意识，主动改善和调整潜意识的作用，重塑自我意识、调整自我认知，进而达到"自我实现"的使命，是不是可行的呢？了解主动干预系统的原理，或许对这个问题的答案会有帮助。

孔子说，"朝闻道，夕死可矣"，足以说明真理的宝贵。王阳明主张知行合一，说明了行道的重要性。卡尔·古斯塔夫·荣格说性格决定命运，说明了习性对一个人的影响是决定性的，也就是荀子所说的"积行成习，积习成性，积性成命"。人在凡尘中，言行或可一时，而难以一世，只有养成习惯，才可生成性格。从闻道、到行道、再到养成习性，是一个庞大的工程，绝非一蹴而就。从知到行，需要悟和信，只是知道或听说，却不信，没有动力去行。从行到性格的形成，缺的是习惯。行，最难的是坚持，只有坚持去做，才能养成习惯，习惯养成后，自然会形成性格，成为骨子里谁也夺不去抢不走的DNA。从朝闻道、知行合一，到性格决定命运，是复杂系统中最精辟、最耀眼的王冠上的明珠，是为果。而悟道、信道、习道，则是冰山下不被所见的甚至是被忽视的，恰恰是这被忽视的部分，才是最关键的，是为因。信、知、行、习、性、运、命组成的是一个完整的系统链，信与习是更关键、更重要的，有着大能量，韧于信，演于行，认识到这一点，生命之旅、人生之途或许会更通捷顺达。

第三节 职业化与主动干预系统

职业化（Professionalism）是社会分工知识化、专业化、精细化、商业化、竞争化的结果，指的是在特定的领域内，通过主动的、系统的、有目的的学习、训练和实践，对某个产业或行业的意识、认知、信念、知识、行为、习惯、技能、个性、创新及使命、责任感等，获得极大的提升和满足，远远超过该行业的普通水准或平均水准，并能通过高效率的产出持续为企业和社会创造超过预期的价值和财富。

在18世纪古典经济学以前，重商主义者认为世界上的财富是固定的，一国要增加财富只能通过减少他国财富来实现。重商主义者所持的这种观点，主要是由生产力低下、财富增长缓慢造成的。1000—1820年，世界经济增长了6倍，按人口换算，则是每人提升了50%。而在资本主义开始广泛扩张到1998年，世界经济增长了50倍，按人口换算，便是每人提升了9倍。在此期间，大多数资本主义国家和地区，如欧洲、美国、加拿大、澳大利亚和新西兰的经济增长按人口换算，每人提升了19倍。工业革命的出现是人类历史上的重要转折点，几乎所有工业国家里人民生活中的大小事务都因为工业革命的到来而产生根本的

主动干预系统：职业化的基因密码

改变。最显著的是在工业革命期间人均收入和人口开始了前所未有的快速增长，正如诺贝尔经济学奖得主小罗伯特·卢卡斯[①]所说："这在历史上首次出现的是，一般大众的生活水平开始出现持续的增长……没有任何古典经济学家预见到类似这样的经济现象，即使在理论上都没出现过。"[②]

　　知识的快速发展带来社会形态的革新和科学技术的突破，催生了经济的繁荣、人口的增加、行业的细分和新产业的涌现。特别是科技发展带来了粮食产量的大幅增长，让大量人口从低附加值的农业、手工业中解放出来，进入工厂、学校、实验室、研究机构和企业中进行专业的生产、研发、实验和经营工作，催生了训练有素的产业工人、专业技术人员、职业经理人、公司管理者、企业经营者等不同的职业角色，其利用所掌握的技能和知识推动各行各业的发展并参与到市场竞争中。人才竞争已经构成了企业创新、产业更替、国家发展等各个层面战略竞争的重要因素。除了外部环境滋生的需求促使职业化的进程加快外，自我内生的本能在迎合需求所产生的难以察觉的心理能量和动力，也是职业化形成的重要原因。职业化可以理解为知识和技能得到了最大程度的开发。在完全竞争市场下，通过知识技能的持续高效输出，在创造社会财富的同时，实现了职业价值最大化的状态；在实现职业使命和责任的同时，也收获了物质上的丰富和精神的满足。但并不是每个人都能达到、实现和完成职业化演变，即使是接近、达到和完成职业化的行业精英，大部分也是因为环境的需求所催生的被动的无意识的巧合。只有当职业化的意识觉醒之后，启动主动干预系

---

　　① 小罗伯特·埃默生·卢卡斯（Robert Emerson Lucas），美国经济学家，芝加哥大学经济学约翰·杜威杰出服务教授（John Dewey Distinguished Service Professor），1995年诺贝尔经济学奖得主，芝加哥经济学派重要成员之一。
　　② Lucas Robert E. Lectures on Economic Growth [M]. Cambridge：Harvard University Press. 2002.

统，心理能量才会驱使自我秉持职业信念、主动获取专业知识、转变职业行为、培养职业习惯、形成职业操守、持续职业创新、履行职业使命，实现职业价值和社会价值的高度统一，同时完成社会财富的创造和再分配及个人财富的积累。

主动干预系统在职业化过程中的七格（见图序-2）就是职业化的基因密码，每个人都可以通过主动干预系统破译职业化的基因密码，从而让自己职业化的道路越走越宽。主动干预系统职业化的基因密码，可以破译为：信格为职业锚，知格为职业发展所需要的知识和技能（应知应会），行格为职业行为的投入（职业行为），习格为职业习惯素养，性格为职业操守品行，运格为革新求变，命格为职业使命。职业锚是坚定职业化的信念，为职业化的过程提供源源不断的心理能量；应知应会是驱动职业化的基础，支配职业化的进程；职业行为是知识技能的投入与应用，是创造职业价值和社会财富的手段和方式；职业习惯和素养聚合职业行为的能量；历经各种磨炼后职业操守的养成，是职业化的雏形；职业化形成的标志是革新求变，在职业化过程中做到审时度势、舍旧谋新；职业使命的完成则是职业化实现的标志。

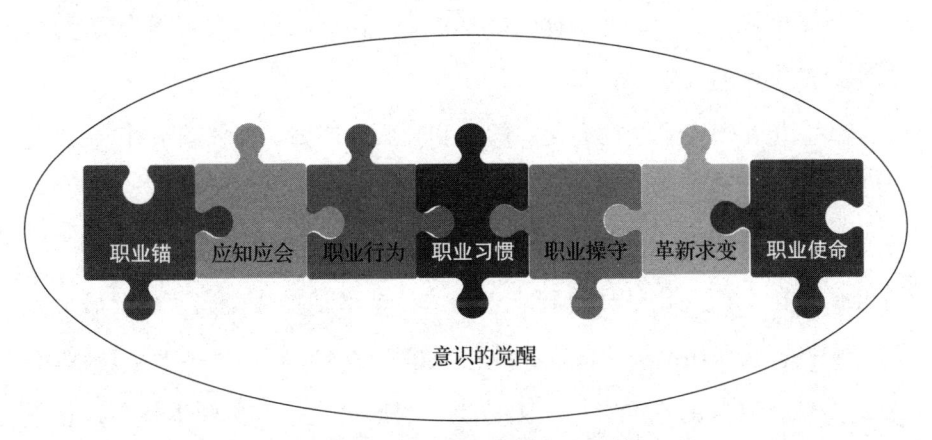

图序-2　职业化与主动干预系统

第四节　商业化与主动干预系统

商业化一般是指企业将新的产品或生产方法引入市场的过程，也包括从实验室到商业的转变。许多技术和产品的产生源于实验室或者发明人的工作室，因在研发阶段的产品和技术不能用于商业用途，而研发需要时间和经费，在商业化之前，利用预期的商业化收益作为有偿，提前引入投资，加快技术和产品的研发过程。商业化的本质是产品或服务的变现，是知识价值化的过程。在市场经济下，商业化是知识、科技社会化的最主要、最有效的渠道，即一切从社会中来，又回归到社会中去。

从更宏观的维度讲，商业化即经济化、市场化，是社会分工的必然结果，也是交易发展到完善阶段的必然存在，商业化的本质是充分调动社会资源，发挥人的技能、专业知识和自由意志所形成的创造力，促进生产效率的极大提升，促使社会财富在经济循环的过程中实现均衡分配，共享经济发展的成果。

商业化在促进生产社会化、解放和发展生产力、充分动员社会资源、满足人们日益增长及不断差异化的物质文化需求方面发挥着调节作用。从政治、经济、文化、法治等各个方面完善和建立商业社会，法治是商业化的基础。商业化是将有利于生产的一切活动扩大变成商品及服务并进行交换，从而用经济手段支持人们从事有利于生产的准备及创新活动。通过交换，以自由资本支持个人分工、组织分化，亦称资本外溢，将生产要素充分的优化整合。[1]商业化的终极目标是满足人的各种需要，任何

---

[1] 张雅梅.浅析产品设计商业化[J].商场现代化，2013（8）:114-115.

可能产生人身依附关系或者违背法律和公序良俗的交易都不能称为商业化，如罪恶的奴隶买卖。

企业是产品和技术商业化的主力军。企业获取经济上的回报，主要是通过在公开市场上销售产品和服务实现的，而商业化能力用来评价一家企业在市场上的竞争能力和生存能力。商业化经常被混淆成销售、营销或业务发展。商业化过程有三个关键方面。

（1）研究许多想法，筛选获得一两个可以长期持续的产品或业务。

（2）商业化是一个分阶段的过程，每个阶段都有自己的关键目标和里程碑。

（3）尽早让包括客户在内的关键利益相关者参与进来。[①]

企业是拟人化的组织，也是由人组成的具有特定目标的集合，主动干预系统也可以激发企业意识，树立企业信念，积累企业知识，实施企业行为，培养企业习惯，创建企业品牌，激励企业创新，完成企业使命，这个过程就是企业的主动干预系统原理。

在企业的主动干预系统中，企业的意识往往是由上而下觉醒的，当企业创办者、经营者和管理者意识到商业化可以通过主动干预系统实现时，通过管理举措来唤醒企业其他成员的职业化意识，以启动企业员工职业化的主动干预系统，同步启动企业商业化的主动干预系统。在企业商业化的主动干预系统中，信格为企业文化，为商业化提供坚定的信念；知格为企业积蓄沉淀的知识和技能，这是决定商业化是否成功的支配因素，主要表现为研发力；行格为企业的研发行为和各种经营管理行为，其绩效表现为均衡的投入产出；习格为商业化的变现能力；性格表现为企业的商业化；运格为企业恒久持续的创新力；命格是企业存在的使命和价值（见图序-3）。

---

① 张恬之.新世纪以来儿童戏剧商业化研究［D］.长沙：湖南师范大学，2020.

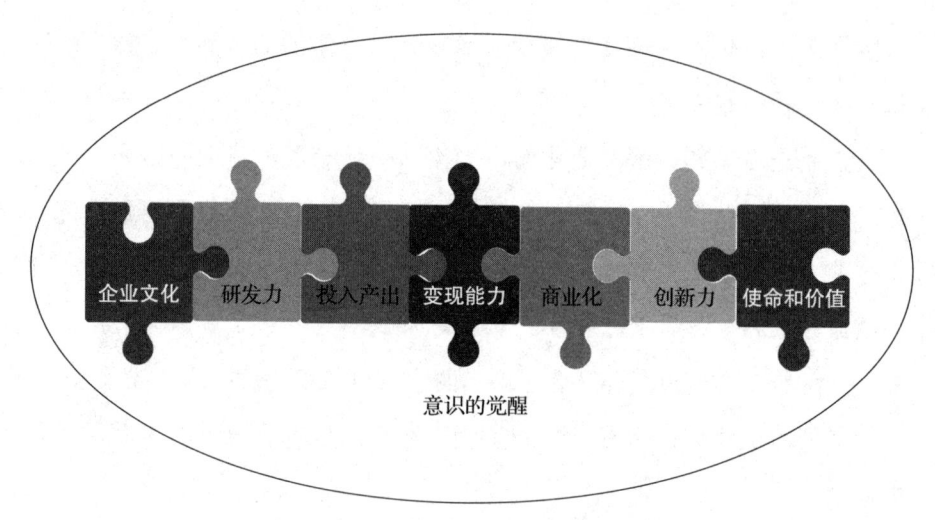

图序-3 商业化与主动干预系统

主动干预系统能够帮助员工培养职业化能力，帮助企业在市场竞争中建立商业化的基因，提高员工在职场、企业在市场中的竞争能力，实现个人生命和企业被赋予的责任和使命。对七格因子进行抽丝剥茧式的分解和重新组合，破除宿命论不可言传的神秘，是帮助职场人和企业经营者回答"我是谁，从哪里来，到哪里去"灵魂三拷问的终极哲学思考。

本书特别以职场员工的职业价值创造和企业使命实现为对象，以职场员工的职业化过程和企业的商业化过程为例，通过职业发展七格主动干预系统和企业经营七格主动干预系统的运行，分析了主动干预系统的原理，除此之外，本书总结了一些笔者在从业过程中积累的经验和理念，有几项内容是笔者认为非常有效而且容易做到的职业发展工具和方法，具体如下。

（1）情绪管理及破除执念的情景构建。

（2）一页纸原则。

（3）兼容性格式。

（4）预览检查。

（5）细微改变始于善小乐易的习惯，不必纠结于根除旧习惯。

（6）镜像投射法，调节自我认知。

（7）知识共享，打破专业垄断和部门歧视。

（8）分解—重组创新方法。

另外，在企业的商业化过程中，要建立企业的价值观和共享的知识平台，应用各种管理工具，完成产品和服务的商业化，形成企业独一无二的品牌形象，保持顺应市场的应变能力和创新能力，从而通过使命的引领，实现企业存在的普遍意义和独特价值。

第一章 韧于信

信，为人之七格主动干预系统中的首格，指的是对"好的知识"抱有信念、信仰、信任般的坚持，信念、信仰与信任不同，存在着坚持程度的递进关系。信格，在主动干预系统中，可以对知识支配行为的机制提供持续的动力，发挥续力机制的作用，如图1-1所示。在员工的职业化过程中，信的本质为职业锚，即因为某些职业的特殊使命而坚定地从事该职业的信心与兴趣。而在企业管理学中，可以将其理解为企业文化。

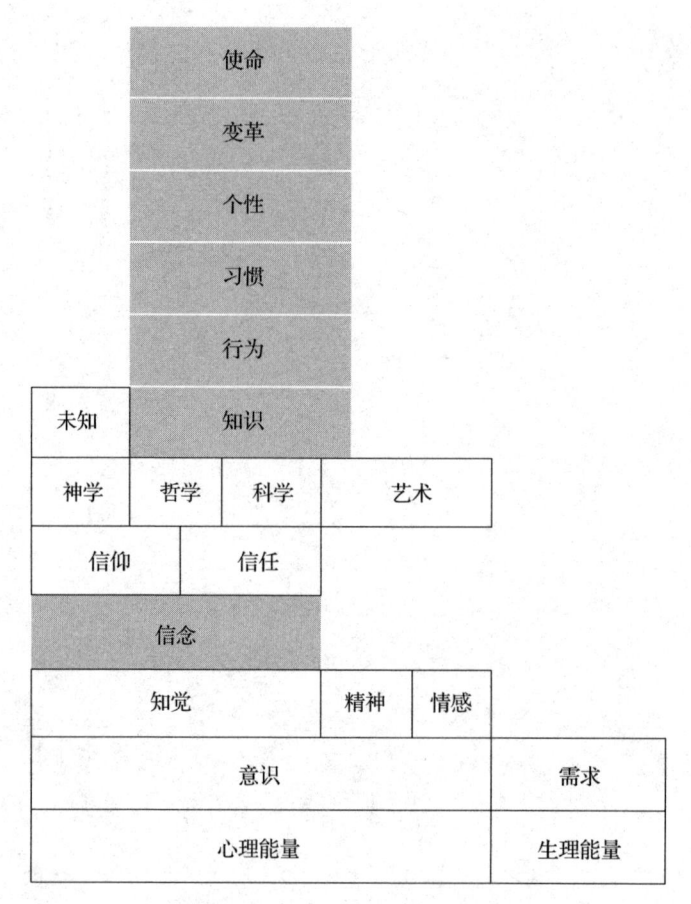

图 1-1　主动干预系统运行环境

第一节　信生坚韧

一、信的体系

根据可证伪性，可将信念分为信仰与信任。信仰是不需要证据证明的绝对信念，而信任则是需要证据证明的相对信念，绝对信念产生了神学，代表着未知；需要验证的相对信念则产生了哲学和科学，代表已知，哲学和科学则构成了人能够理解、掌握和应用的知识。

为了更好地区分信仰，需要把信仰、信念，知识、事实、验证之间的关系做进一步的分析。知识是可以信任的被验证过的事实，错误是来自相信可以被验证的非事实。信仰是因为不能证实或证伪而无需验证的绝对信念，而有一种可以证伪的绝对信念，则是迷信和愚昧的来源。信念不是没有证据的相信，而是毫无保留的信任（Faith is not belief without proof, but it is trust without reservation）。

二、信生坚韧

案例一

义和团信仰现象分析

义和团，原称为义和拳，最早是反清组织，起源于民间武术组织，据考有八卦教、白莲教、大刀会等，为义和团运动的基干力量，其信仰主旨为"承天命，奉佛法，以保国家而安良善"，并在轰轰烈烈的义和团运动中提出了"扶清灭洋"的口号，后惨遭清政府的残酷镇压。义和团不是组织严密、纪律分明、管理有序的宗教社团组织，武器装备以木棍、大刀、长枪等原始冷兵器为主，在打仗前要举行画符念咒的仪式来宣达神意、驱妖捉鬼、祈福攘灾，其中《闭火分砂咒》"弟子在红尘，闭住枪炮门，枪炮一齐响，沙子两边分"，主要是用来达到刀枪不入的效果。义和团的主旨"承天命，奉佛法"，是无法证明或者证伪的绝对信念，属于信仰的内容，而其宣扬团众"神灵保佑刀枪不入"的能力，则是可被证伪的绝对信念，属于盲信或迷信的范畴，并非信仰的范围，无论是信仰还是盲信，都源自知觉体系，对行为有着支配和驱动的作用。

知行合一，简短四个字，应可作为中国儒教理论的集大成者而续世永存。但知易行难，这是不是孔子发出的"夕死可矣"的无奈哀叹？"一个人做一件好事并不难，难的是一辈子做好事"，这句话也在提醒着"日行一善"的难度。

如何做到知行合一？知未必行，行未必久，知行之前，缺的是信。信既可以理解为相信，也可以理解为信念，或者是信仰。"好的知识"本身自带光环属性，会强化人的信念，相信"好的知识"的力量会带来好的变化和机遇。当相信知识的力量时，会有动力持续地做下去。笔者喜欢跑步，源于对一个好知识的相信，并产生了一个信念：跑步有益于健康，并能改善人的心理状态。当这个念头和想法产生之后，笔者就开始跑步，从第一步开始，直到坚持10年每天跑10千米以上，笔者将其归因于"相信的力量"。有信仰就有力量，当国家有了信仰，国家就有了未来，当个人有了信念，做事就不会犹豫。即信是行的最大的，也是最好的内生驱动力。

一般来说，信仰往往与灵魂和心理有关。心理学一词来源于希腊文，意思是关于灵魂的科学，而随着自然科学和社会科学的发展，研究灵魂的任务由宗教负责，心理学的研究对象变成了个人和群体心理、精神和行为的学问。19世纪末，德国心理学家威廉·冯特[①]受自然科学的影响创立了实验心理学，心理学从此脱离了思辨哲学成为一门独立的学科，着重研究人类心理现象、精神功能和行为活动。而与威廉·冯特同期的奥地利心理学家弗洛伊德则开创了精神分析心理学，相关理论延伸到社会各个领域，反哺和丰富了思辨哲学的内容，进而形成了现代社会的重要思想内容；弗洛伊德还提出了人格的概念，形成了人格发展理论，人的自我认知理论得到了系统的提升。

---

① 威廉·冯特（Wilhelm Wundt）是德国著名心理学家、生理学家兼哲学家，心理学发展史上的开创性人物。他被公认为实验心理学和认知心理学的创建人，构造主义的奠基人。

三、信与职业

职业锚（Career Anchor）既是一个职业心理学概念，也是职业规划中的一个专用术语，是人对某种工作或某种职业在心理上的乐观想象，继而产生了从事这种工作或职业的特定兴趣和坚定的信心。职业锚概念的提出者是美国麻省理工学院斯隆管理学院、美国著名的职业指导专家埃德加·亨利·施恩[①]领导的专门研究小组。职业锚是在对该学院毕业生的职业生涯研究中演绎而成的，职业锚也经常被理解为职业定位，是指当一个人不得不做出选择时，无论如何都不会放弃的职业中的那种至关重要的东西或价值观，实际就是人们选择和发展自己的职业时所围绕的中心。职业锚的生成有多重因素，孩童时期的懵懂想法、青春飞扬的抱负理想、步入职场的跌跌撞撞、步入中年的斟酌思量，这些都可能成为职业锚生成的心理基础和现实选择，职业锚的一般进程是进入职场之后的重新选择。最优职业锚可以驱动专业、能力和爱好的统一。

一般把职业锚分成八类（见图1-2）。

（1）技术/功能型：追求在技术领域和应用技能方面建立专长。

（2）总经理型：追求整合他人的努力，并对组织的产出负责。

（3）自治/独立型：寻求机会来定义自己的方式。

（4）安全/稳定型：寻求一份安定、稳定的工作。

（5）创业/创造型：寻求机会利用自己的能力，创建一个自己的组织或企业。

（6）服务/奉献型：寻求机会去追求有价值的工作。

（7）纯粹挑战型：寻求机会来研究看似不可能的问题的解决方案。

[①] 埃德加·亨利·施恩（Edgar Henry Schein）是麻省理工学院斯隆管理学院的教授，涉及许多研究领域，包括生涯规划、小组流程咨询、组织文化等。

（8）享受生活型：寻求平衡和整合家庭及工作关系的职业。

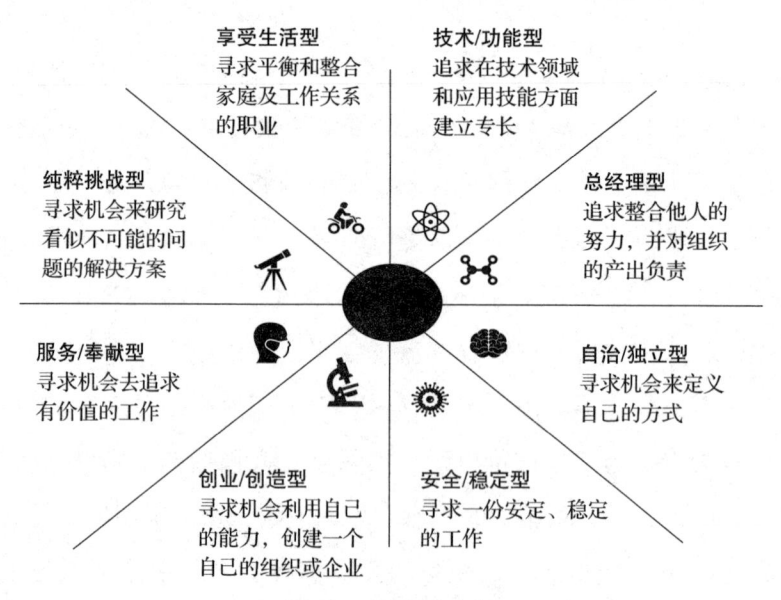

图 1-2　职业锚分类

在职业生涯规划主动干预系统中，职业锚发挥着"信格"续力的作用，坚定在某个行业或者是某份职业持续发展的信心和态度，坚信可以通过知识对行为的支配，实现个人的职业理想和职业价值。职业锚也有可能会在未入职场前就形成某种职业意识和职业想象，有的来自家长和老师的引导，有的是因为受到某个角色或者明星的影响，还有的是被接触过的某些行业的特点所吸引。例如，很多孩子被辛勤付出的医护人员的奉献精神所感染，把学医作为自己的职业规划，树立起救死扶伤、悬壶济世的崇高理想。一旦确定了职业目标，就会在心中播下职业锚的种子，并会主动去获取相关职业领域和行业的知识，变被动为主动。

四、信与企业

企业文化是企业在多年发展过程中形成的精神属性与行为准则。使命（Mission）、愿景（Vision）、核心价值观（Core Value）（MVV）是企业文化的三个组成部分。使命阐述企业存在的理由,是对企业形象的一个较为直接的描述。愿景是企业发展的终极目标。核心价值观是企业经营者和管理层保持的终极信念,是企业经验管理哲学中的重要组成部分,发挥主导作用,也是企业在发展中处理内外矛盾的一系列准则。[①]企业文化是作为企业及员工的终极信仰而存在的,也是企业传递给客户,及向社会亮明身份的价值观和世界观,解释了企业"我是谁,从哪里来,到哪里去"的灵魂三拷问。

国内优秀的房地产企业万科的使命是建筑无限生活,愿景是成为中国房地产行业领跑者,核心价值观是创造健康丰盛的人生。而总市值世界第一的苹果公司,在创立初期的使命是借推广公平的资料使用惯例,建立用户对互联网之信任和信心,愿景是让每人拥有一台计算机,核心价值观是提供大众强大的计算能力。[②]根据企业的发展,企业文化和经营哲学也会随着发生变化。苹果公司已经成为世界上最大的手机公司,早期让每人拥有一台计算机的愿景已经与现在的身份不符,iPhone、iPad、iMac、MacBook、Apple Watch、AirPods等产品,在封闭统一的操作系统生态中提供了高效率的同步性、极佳的用户体验感和客户隐私安全性,自带圈粉的磁性引力,忠诚用户同时拥有几台苹果设备的现象比比皆是。

企业文化不仅是与客户沟通的名片,也是赋予员工信心和行动力的源泉,是保持员工凝聚力、使命感、责任心、归属感、成就感的精神堡垒。在自主就业双向选择的过程中,企业文化也是企业筛选应聘者、应聘者筛选企业的第一把筛子。认同甚至是信仰企业文化,是融入企业的第一步。

---

① 刘景辉.论企业核心价值体系中传统人本思想的观照[J].商业时代,2012(16):141-142.

② 肖维维,钱敏,朱冰柯.我国消费电子企业核心竞争力的提升[J].技术与创新管理,2014,35(5):481-485.

第二节　信的属性

一、信的唯心

作为价值观、人生观、世界观的重要部分，一个人总是有信仰的，信仰总在不自觉地左右着人的言行、思想、心理和情绪。

信仰是世界在心灵中的投射，或者说是心灵对世界的窥探，即便是物质决定意识，但没有了意识，物质与意识的关系彻底失去了联系，物质的存在也就失去了意义。笛卡尔[①]提出"我思故我在（I think, therefore I am）"的哲学命题，说的就是这个道理。例如，股票市场的波动对于没有参与到股票市场中的客体来说，就是无关和无意的。股票市场存在的意义，只是相对于参与到这个市场中的人来说的，也就是主客体之间的关系，会随着任何一方的消失而消失。

有必要对信的属性进行区分，有些信念对于主动干预系统实践起着正向的作用，而有些已经证伪的信念则会令人盲目。比如读书有用论还是读书无用论的争执，曾发生在市场经济大潮席卷全国的初期，"搞导弹的不如卖茶叶蛋的"，读书无用论喧嚣尘上，被不少人所认同，很多孩子的命运也因为父母相信读书无用论而退学打工赚钱，走向了另外一条路。经过市场经济进一步深化，认同读书无用论的人几乎绝迹，社会的普遍共识是重视教育，并且通过立法杜绝在义务教育阶段弃学的现象。认同

[①] 勒内·笛卡尔（Rene Descartes），法国哲学家、数学家和物理学家。他创立了解析几何，将先前独立的几何和代数领域联系起来。笛卡尔被认为是西方现代哲学的奠基人之一。

好的信仰，会产生正确的动力，认同有害的所谓"信仰"，则会南辕北辙，背道而驰。

职业锚的作用，就是相信选定的职业，能够给自己带来物质的富足或精神上的满足。职业锚一旦形成，就会主动分析和判断自我认知的职业特征和个性是否符合所锚定职业的各种条件，如果在哪一方面有差距或不足，也会主动学习以满足职业所需的条件。这种信念会产生持续的动力，牵引着朝向职业目标的方向前进。有些职业锚也会产生负面的作用，比如对职业的设想过于理想，或者在少年时期形成的职业想象，而几年之后职业不存在了；还有受不良作品的影响，形成了一些与社会正常需求格格不入的非正常的职业锚，将一些违法乱纪现象当成自己的人生目标和就业方向，从而走向了不归路。职业锚的形成，最终还是需要良知的支配。良知，本身就有"好的知识"的含义。

企业文化发展到一定程度，不仅是公司标识、企业形象、员工气质与其他公司存在着区别，在企业沟通交流的过程中也会形成自己的专用语言、行事风格，除了有不被外人所知的保密作用，最主要的作用是减少沟通成本、提高沟通效率、增强企业和团队的情感归属。比如关于内部产品的命名，某地产公司的T产品，特指的是别墅类产品；具体行为的别称，如"有没有做归化"，在某公司指的是有没有完成职业经理内部培训和资格认证的全部课程；有些企业的风格比较狂躁，"洗澡"指的是被领导狂虐和斥责的"洗礼"。这些外人不能解读的"密码符号"，是企业在经过一段时期发展形成的并被员工认同的语言风格，可以区分"自己人"与"外来人"。在一个有着强烈风格的企业文化氛围中，人所受到的感染力和冲击力是非常强烈的，很容易被同化而不自知，对企业文化不认同的人，会及时被筛选出来或改造或淘汰。这些认知的获得本身是一个被动的过程。

有些公司的企业文化比较激进，有些略为温和，有些相对狂躁，有些则非常理性。在企业创建初期，企业文化的本质就是老板文化，创业者的个性和理念通过个人的言行和决策，会深深影响公司的企业文化、环境氛围、行为模式等，甚至会对企业的未来起着决定性的作用。狂躁会制造压力，温和则容易被认同，不同的企业文化对员工的行为产生不同的影响，但目的都是提高员工工作效率、提升企业竞争力，进一步转化为财务报表上的盈利数据，保持公司良性的可持续发展。

企业文化，如果只是作为一个中性词使用，自然也有优劣善恶。现代企业能形成企业文化的，一般都是经过实践检验和经验累积形成的使命、愿景和核心价值观。企业也会存在一些潜规则文化、歧视性传统和办公室政治等，这些是需要区分并谨慎对待的。潜规则文化不一定都是陋规，但有一些潜规则对个人和企业发展有着暗枪冷箭般的杀伤力，特别是新晋职场的人，一定要保持极高的警惕。建立正确的价值观和信仰，并非一句空话，而是要在每日忙碌的工作中去认真区分如何做才能符合企业的使命、愿景和价值观，从而实现三观的和与合。

二、信的契约

现代商业社会是契约社会，契约的本质是信任。

货币的本质也是一纸由国家公权力背书兑付能力信任的契约，这是国家意志对公众的无条件保障兑付和购买的承诺。

基于信任的基础所发展出来的契约精神，极大地促成了社会经济的进步，成为当代主要的社会政治的伦理基础和发展经济的精神基础。

职业化发展的过程，需要自信，也需要他信。自信是基于专业、能力、经验和操守的加持，没有这些加持因子，职业化就无从谈起。职业化的过程和目的，是通过高效地服务社会来实现自己，而服务社会的过程，是通过服务所在企业及同事、工作伙伴、合作伙伴、客户、供应商等具体真实的与自己发生关系的他人。完成服务的过程需要建立信任的关系，这种信任的关系是实现合作的最重要的基础，而如果没有"他信"，就没有办法实现职业化的过程。

商业化的过程也是各类契约堆砌的过程，企业对员工的承诺、对客户的承诺、对供应商的承诺、对合作单位的承诺、对股东的承诺、对公众机构的承诺、对管理机关的承诺，都会形成各类契约。诚信和信誉在大数据时代显得更为重要，各种不谨慎的经济行为记入征信报告变得更加容易，信誉是商业社会构成企业商誉最基础的保证。

第三节 信的基础

一、信的起源

信仰源自认知和对预期的不安。认知是信仰的基础，预期是信仰的未来。因为信仰不能证明或者证伪，而生命的过程是一个线性的无法从头再来的运动，或许耗尽一生也无法实现信仰的预期。当与信仰并肩而行时，孤单的自我就有了支点和靠山，这种强大的心理支撑会产生坚韧不拔的精神力量。

二、信的产物

信的产物按照是否被验证，可以分为以哲学、科学为主体的知识体系和各种宗教所信仰的神学体系。在主动干预系统的实践过程中，有必要对各种信仰和哲学思想的内容及源头进行了解和比较，因为宗教或者政治原因，信仰及哲学的内容和传播都存在着单一性和排他性；每个人所处时代和环境存在差异性。认知和信仰的冲突，无论是在历史中还是在现代文明的发展过程中都屡见不鲜。诸子百家，是先秦时期古代先贤创造的灿烂文化，与同时期的古希腊文明交相辉映，呈现出"百花齐放、百家争鸣"的思想自由和竞争，直到西汉董仲舒[①]提出"罢黜百家，独尊儒术"的主张，为汉武帝所采纳，创建了一个以儒学为核心的新的思想体系，使儒学成为社会正统思想，影响长达两千多年。亨廷顿[②]在《文明的冲突与世界秩序的重建》一书中明确指出，当代文明的冲突，本质仍然是宗教的和信仰的冲突。消除冲突最好的方式就是交流融合学习，通过了解各种信仰的观点，可以找到观点背后的历史轨迹和来龙去脉，既能增强包容性，与各种不同的观点和信仰和解，又能达到求同存异的和谐共生。

稳定的农耕生活方式决定了华夏文明在中原大地虽然历经几千年的世事变迁却延绵不绝，发展了先秦诸子、秦汉哲学、魏晋玄学、隋唐佛学、宋明理学、明清实学、近代新学等文脉相续。欧洲大陆的文明源自地中海，经历了古希伯来文明、古希腊文明、古罗马文明、基督教文明、经院哲学、宗教改革、文艺复兴、启蒙时代、世俗化、工业革命、人本主义、自由化思潮等，海洋文明所产生的重商主义和海盗文化，导致纷扰纷争不断。

东西方哲学存在着根本的区别，东方是通过感知的方式去理解世界，而西方则是通过推理的方式去理解世界，东方的哲学思想精髓是对现象和本质的精炼总结，由此及彼，感性主导，强调领悟，以追求国泰民安

---

① 董仲舒，西汉著名的经学家、思想家和政治家。他治学以公羊学为主，于景帝年间任为博士，于武帝时受赏识任江都相等职位。董仲舒整合了当时的阴阳五行学说、天命论等各类思想理论，统一为汉代的天人关系的研究，也借他在西汉政治体制内的参与推动了谶纬之学（政治预言）的发展。

② 塞缪尔·菲利普斯·亨廷顿（Samuel Phillips Huntington），美国政治家、学者，他在哈佛大学度过了半个多世纪，曾任国际事务中心主任，1996年出版了《文明的冲突与世界秩序重建》一书，用以解释"冷战"之后的世界格局。

和崇高的道德情操。西方的哲学思想则通过推理演绎形成了逻辑分析、实验论证，理性为主、需要验证，从而催生了科学技术的发展进步。如公元前300年就出现了欧几里得①所作的最早的数学专著《几何原本》。东方的文明史是一部自上而下的、皇家的垄断史，思想、知识、文化、艺术、技术、经济、财富都是由皇家为首的权贵阶层所垄断的，也是为权贵阶层所服务的，那些思想家、史学家、艺术家、工匠大师、诗词歌赋作者等都是授封官衔领享皇家俸禄的，白丁者寡。西方的文明史则是一部争斗史，包括苏格拉底②、柏拉图③、亚里士多德④等哲学思想大家穿越时空的思辨；也包括王权与神权之间的斗争，中世纪科学家们与教廷之间的斗争，新教与旧教之间的斗争，民权与王权之间的斗争，人权与宪政的斗争，科技与教义之间的斗争等；文艺复兴之后打破了王权和神权对社会的操纵，形成了丰富多样、对立包容的各种哲学思想，从各个方面推动着社会文明的进步。西方哲学的体系和发展，罗素⑤在其经典著作《西方哲学史》中进行了梳理、分析和总结，大致经历了古代哲学、天主教哲学和近代哲学三个阶段，古代哲学以苏格拉底、柏拉图和亚里士多德等古希腊哲学家的思想为代表，经历了前苏格拉底时期，苏、柏、

---

① 欧几里得（Euclid），古希腊数学家，被称为"几何之父"。他在著作《几何原本》中提出五大公设，成为欧洲数学的基础。欧几里得也写过一些关于透视、圆锥曲线、球面几何学及数论的作品。《几何原本》被广泛地认为是数学领域的经典之作。

② 苏格拉底（Socrates），古希腊哲学家，和其追随者柏拉图及柏拉图的学生亚里士多德一起被誉为"西方三圣"或"希腊三贤"。他被认为是西方哲学的奠基者，没有留下著作，其思想和生平被记述于后来的学者（主要是他的学生柏拉图）和同时代的剧作家阿里斯托芬的剧作中。在柏拉图的《对话》一书中记载了苏格拉底在伦理学领域的贡献。

③ 柏拉图（Plato），著名的古希腊哲学家，雅典人，他的著作大多以对话录形式记录，并创办了著名的学院。

④ 亚里士多德（Aristotle），古希腊哲学家，柏拉图的学生、亚历山大大帝的老师。他的著作涉及许多学科，包括物理学、形而上学、诗歌（包括戏剧）、音乐、生物学、经济学、动物学、逻辑学、政治及伦理学等。亚里士多德的著作是西方哲学的第一个广泛系统，包含道德、美学、逻辑和科学、政治和形上学。

⑤ 伯特兰·亚瑟·威廉·罗素（Bertrand Arthur William Russell），英国哲学家、数学家和逻辑学家，致力于哲学的大众化、普及化。曾任剑桥三一学院研究员，他写了许多著作，其中包括经典著作《西方哲学史》。

亚三杰时期和希腊化时期。天主教哲学是指由奥古斯丁[①]到文艺复兴前支配欧洲思想的哲学。从圣保罗[②]革除了犹太教不传非犹太人的教规开始，废除了割礼和摩西[③]的律法，让犹太教义在外邦人中传播，从而推动了天主教的发展和扩大，先后经历了四大教父[④]和经院哲学[⑤]两个阶段，横跨了整个中世纪1000多年。近代哲学则经历文艺复兴到休谟[⑥]、卢梭[⑦]到现代的几百年，这个阶段教会威信衰落，个人主义得到了极大的发展。哲学的发展与宗教的发展密切相关，源自东方且有世界影响力的宗教为佛教，而源自西方的宗教包括犹太教、天主教、东正教和伊斯兰教，同源同根却又相撕相杀。近代冲突的起源，除了文明的冲突之外，还有霸权和平权、独裁与民主的价值冲突，以及封闭与开放、壁垒与自

---

① 奥古斯丁（Augustine of Hippo），罗马帝国末期北非的柏柏尔人，早期西方天主教的神学家、哲学家。他的著作《忏悔录》被称为西方历史上"第一部"自传，至今仍被传诵。

② 圣保罗（Paul），早期教会最具有影响力的传教士之一，基督徒的第一代领导人之一，他首创向非犹太人传播耶稣基督的福音，所以被奉为外邦人的使徒，但他并不是耶稣的十二使徒之一。在诸多参与基督信仰传播活动的使徒与传教士之中，保罗通常被认为是除了耶稣基督，整个基督教历史上最重要的人，并且是史上最伟大的宗教领导者之一。

③ 摩西（Moses），在《旧约》圣经、《圣经·出埃及记》等书中所记载，是公元前13世纪时犹太人的民族领袖，犹太教徒认为他是犹太教的创始者。

④ 在东西教会大分裂前，东方的拜占庭教会及西方的拉丁教会都有自己传统上所景仰的圣师，在西方的拉丁教会于8世纪就已有传统将四个知名的拉丁教父圣盎博罗修、圣奥司定、圣热罗尼莫及教宗圣额我略视为教会圣师，1298年教宗鲍尼法八世将之确认为正式的头衔。这四位圣人后来与教宗庇护五世所追奉的四位东方教父圣师互相对应而被称作"西方四大圣师"。在东方拜占庭教会，由皇帝利奥六世追奉三位东方的重要教父为圣师，分别是圣金口若望、圣额·我略·纳齐安及该撒利亚的圣巴西流三位。天主教其后由教宗庇护五世所追封的四位东方圣师中三位皆列在其中，另外一位则是圣亚他那修。

⑤ 经院哲学（Scholasticism），欧洲中世纪在学院中讲授的以解释基督教教义为内容的哲学，实际上是一种神学体系。由于采用烦琐的抽象推理的方法，所以也叫烦琐哲学。

⑥ 大卫·休谟（David Hume），苏格兰哲学家、经济学家和历史学家，是苏格兰启蒙运动以及西方哲学历史中最重要的人物之一。现代对休谟著作的研究聚焦于其哲学思想上。他最初是以历史学家的身份成名，所著的《英格兰史》被作为英格兰历史学界的基础著作长达六七十年。

⑦ 让·雅克·卢梭（Jean Jacques Rousseau），启蒙时代的法国与日内瓦哲学家、政治理论家、文学家和音乐家，出身于当时还是独立国家的日内瓦。卢梭所著的论文《科学和艺术的进步对改良风俗是否有益》及《论人类不平等的起源与基础》对哲学发展极其重要；他在《社会契约论》中所论述的人民主权及民主政治哲学思想的深远影响可见于近代的启蒙运动、法国大革命以至现代的政治、哲学还有教育思想。他认为无论是传统还是现代的公民社会，都一样始于私人财产。

由的贸易冲突，这些都为企业的经营环境带来了不稳定性。

东西方文化的不同，也造成了东西方企业文化的差异，职业化和商业化的进程也各不相同。改革开放后，传统的国学再度复兴、各种工业化后期的管理思想和知识随着西方文化潮水般的涌入，在国学和西方管理思想的激烈碰撞中，孕育出了顺应市场需求的第一代企业家，也形成了千姿百态的管理模式和企业文化。

企业文化可以从某种程度上理解为企业组织的信仰和员工认同的价值观。企业文化的形成，受创始人的素质、行业地位、企业发展阶段、经营目标等多方面的影响。所谓的企业，就是企图发展的事业，源于创始人对一个行业、一个产业的理解，再根据创始人所掌握的资金、资源和知识，意图实现在某个行业里的发展。创始人对行业知识、专业知识的累积，构成了企业文化的基础。员工对企业文化的真正认同，需要职业锚的匹配，也需要行业知识、专业知识的累积；需要员工跟随企业的发展亦步亦趋，保持同频同调，既能提升工作效率，也能获得认同和被认同的成就感和愉悦感。

本章小结

信念来自认知，形成了信仰和信任，信仰是无需验证的事实，信任则是需要验证的事实。信仰产生了宗教和神学，而信任则产生了科学和哲学，成为知识。哲学的因果律驱动了现代科学昌明，工业发达，同时也把构成时空的一切要素和运动规律归因于宇宙形成前的奇点，奇点之前不为人知，才有了"科学（已知）的尽头是哲学，哲学的尽头是神学（未知）"的说法。哲学是人类架通已知世界和未知世界的桥梁，是人类探索和打开奥秘世界的必备工具和钥匙，也是重要的知识宝库。区分信仰与迷信、知识与伪识是一个验证判断的过程，这个过程固然受价值观的影响，同时也能影响和改变价值观和人生观，只有坚持真正的信仰，信仰才能有效地和正确地为主动干预系统提供源源不断的动力。职场人的职业锚是推动自我职业化主动干预系统的动力，而企业文化则是企业商业化主动干预系统的动力。认识和区分企业文化和潜规则文化非常重要，潜规则文化并非企业文化的一部分，但却会破坏企业文化的正向引导，导致企业机体受损乃至腐败，严重时更可造成致命的后果。

第二章 正于知

知，为人之七格主动干预系统中的次格，在主动干预系统中定义为有用的或者是好的知识。在职业生涯和企业经营中，知被定义为"知识管理"，知识管理是对个人和组织应知应会的整合，在主动干预系统中发挥支配行为作用，将"动机支配行为"变成"知识支配行为"的新认识，理性战胜感性，责任战胜情绪。

案例二

历史上的六次农业革命，四次工业革命，基于知识的发展和新工具、新技术应用

农业是最古老的产业，历来为国之根本。农业的发展笔者认为经历了以下几个重要的革命阶段。

第一次农业革命发生在10000年前的新石器时代，由采集到耕种，逐步发展到等待收获的半定居的农耕生活方式。

第二次农业革命发生在4000年前的青铜器时代，人类开始使用青铜器，发展锄耕式的初始农业。

第三次农业革命发生在1400年前的铁器时代，因为铁器工具的广泛使用、动物的驯养和水利灌溉技术的利用，发展出犁耕农业。

第四次农业革命发生在16—18世纪的英国，因为圈地运动和技术革新产生的农业革命，同时也包括了大航海时代带来的新大陆物种之间的引进和输出，这次农业革命也被视为后来工业革命发生的重要因素之一。

第五次农业革命发生在1945年之后，机械化、化学肥料及新品种作物使得农业产量大增。

第六次农业革命是发生在21世纪初的基因革命，转基因技术的发展彻底改变了农作物和畜产物种生殖繁衍的法则。但对转基因技术在农作物上的使用，还存在着巨大的分歧和争议。

工业是随着科技的发展而产生的新行业，经历过四次革命，现在仍处于第四次革命的进程中。

第一次工业革命发生在18世纪的富藏煤炭资源的英格兰中部，英国人瓦特改良蒸汽机之后，带动了技术革命性的发展，以手工劳动

为主的旧时代被瓦解，而以动力机器生产的时代迅速崛起，并传播至世界各地，先是整个欧洲大陆，后在19世纪传播到北美地区。此前哥伦布大交换导致欧洲人口爆炸、社会生产需求大增，城市化与纺织业是工业革命的前提，蒸汽机、煤、铁和钢是促成工业革命技术加速发展的四项主要因素。工业革命是人类社会历史发展进程中的巨大变革，影响了人类社会生活的各个方面，加速了现代化的进程，把人类推向了崭新的"蒸汽时代"。

第二次工业革命是以电力的大规模使用为主要内容，电灯的发明为标志，电力成为补充和取代蒸汽动力的新能源。第二次工业革命也称第二次科技革命，是指在1870—1945年发生在西欧（包括英国、德国、法国和丹麦）和美国及1870年后的日本的工业革命。

第三次工业革命发生在"二战"后，以计算机的发明、生产自动化、核技术超过石油的发电效率为标志，是社会发展历史上规模最大、影响最深远的技术革命。

第四次工业革命是以石墨烯、基因工程、虚拟现实、量子信息技术、可控核聚变、清洁能源及生物技术为技术突破口的工业革命。各种新兴科技的突破为其特征，如机器人学、人工智能、纳米科技、量子电脑、生物科技、物联网、工业物联网（IIoT）、分散式共识、5G技术、增材制造／3D打印和全自动驾驶汽车。第四次工业革命仍在不断发展中，未来还将有更多的技术革新和产业转型出现。

随着农业革命和工业革命的发展，知识与科技推动人类从狩猎采集社会1.0版本，先后经历了农耕社会2.0版本、工业社会3.0版本、信息社会4.0版本，逐渐进入社会5.0版本——智能社会。知识是推动人类社会不断进步和发展的主要动力。

第一节 知的价值

一、知的释义

知识是人类在实践中认识客观世界和人类自我的全部成果。柏拉图给出了知识的三个准则：验证（Justified）、真实（True）和信念（Belief）（简称JTB理论）（见图2-1）。受限于语法的局限性和知识的庞杂繁复，JTB理论不被全部现代学者所认同。人类目前所拥有的知识依附于语言的表达，基于太阳系引力体系和磁场体系的作用而形成，对于超引力和超磁场的现象，还不能实现现场验证，只能通过逻辑上的推论或者通过实验室的模拟条件进行模拟实验。语言的结构本身也是知识的一部分，如果没有超语言的解释，那么知识的概念必定陷入一个无法自证的悖论中。但这丝毫不影响知识对人类社会产生的巨大影响。知识作为几千年人类文明的结晶，是最宝贵的财富，是人类探索物质世界和精神世界、认识自然和自我、创造财富、振兴经济、发展科学、和谐共生、消灭饥饿疾病、实现物质极大丰富与民主自由解放的强大工具。知识不仅是个体形成世界观、价值观的基础，也是个体修身养性、强身健体、心理健康、提升技能的动力源泉。知识是人类认识自然和自我的总结，也是人类改造自然和自我的工具，科学技术是第一生产力，知识的重要性不言而喻。

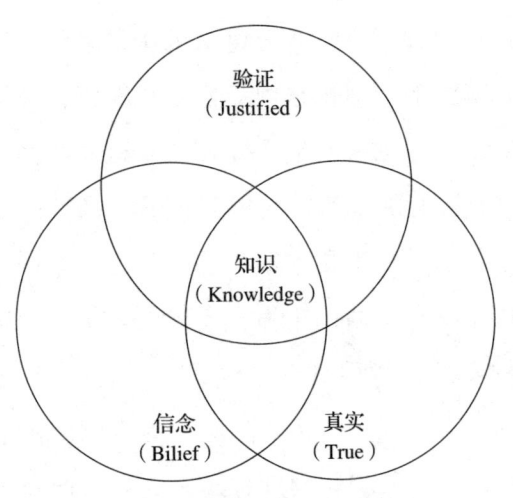

图 2-1　柏拉图的 JTB 理论

二、知的发展

在经历了农耕和游牧社会、工业和商业社会、信息和网络社会三个阶段后，工业革命引领的知识大爆炸的知识经济时代不可避免地来到了。知识经济是以知识为基础，以脑力劳动为主体的经济，联合国经济合作与发展组织将知识经济定义为建立在知识和信息的生产、分配和使用之上的经济[①]。知识经济的"知识"包括丰富的内容，首先是关于事实方面的知识，即知道是什么的知识（Know-what）；其次是指原理和规律方面的知识，即知道为什么的知识（Know-why）；再次是指技术、技能、技巧等操作的能力，即知道怎么做的知识（Know-how）；最后是社会关系的知识，即知道是谁的知识（Know-who）。[②]

如果把社会的运行简化为一个集成的系统，那么这个系统的运行就离不开软件和硬件。软件是知识资源的集成，硬件是物质资源和资本资源的集成，软件驱动着硬件运转实现系统机能。就如同主动干预系

---

① 崔晓勇，臧秀清，刘宏磊.知识经济时代我国企业的战略选择[J].河北能源职业技术学院学报，2010，10（2）：29-31.
② 互动百科.

统的原理是软件，而每一个鲜活的生命机体是硬件，只有把主动干预系统的原理嵌入鲜活的生命机体中，生命系统才有可能按照自我的设想去运转。把知识作为重要的生产要素独立出来，主要是为了区别物质、资本在生产中起主导作用的物质经济和资本经济。[①] 现代经济的增长离不开知识，特别是科学技术催生的新行业、新产业、新模式，为经济的发展提供了源源不断的生力军，节能环保、信息产业、生物产业、新能源、物联网、特种材料、AI人工智能等已经成为带动经济发展不可忽视的力量。农业、工业、商业等传统产业也受益于知识的进步和广泛应用，产业知识化程度也越来越高，产业效率也远非以前可比。

  知识经济理论形成于20世纪80年代。美国加州大学教授戴维·罗默[②]在1983年提出了"新经济增长理论"，把知识作为提高投资收益的一个重要的生产要素，标志着知识经济在理论上的初步形成。知识经济作为一种经济产业形态的确立，始于比尔·盖茨创办的以美国微软公司为代表的软件产业和互联网知识产业的兴起。微软操作系统和软件的应用，为知识的获取和新知识的发展提供了乘数级的效率。2018年，微软公司曾一度超越苹果公司，成为全球最有价值的上市公司。在2019年4月，微软公司达到了1兆美元的市值，成为仅次于苹果公司的第二家股价市值超过1兆美元的美国上市公司（亚马逊公司2018年9月盘中交易价曾超过1兆美元，但收盘时未能保持故不被视为正式纪录）。2021年6月微软公司市值首次突破2兆美元，成为第二家市值突破2兆美元的公司。微软公司是美国《财富》杂志2015年评选的世界500强企业排行榜中的第95名。比尔·盖茨也因为微软公司强劲的市值表现长期雄霸全球富豪榜榜

[①] 邹彩霞.中国知识产权发展的困境与出路[D].长春：吉林大学，2008.
[②] 戴维·罗默（David Romer），美国经济学家。美国经济协会执行委员会成员。主要研究方向为新凯恩斯经济学。1980年毕业于普林斯顿大学，1985年获麻省理工大学博士学位。

首。1995—2007年的《福布斯》全球富豪榜中，比尔·盖茨曾经连续13年蝉联世界首富。2008年6月他离开微软公司，并把580亿美元个人财产捐到比尔及梅琳达·盖茨基金会。《福布斯》杂志2014年美国富豪排名，比尔·盖茨以812亿美元资产重登榜首，在彭博亿万富翁指数和《福布斯》2019年亿万富翁排行榜中名列第2位，资产达到1000亿美元，他在2019美国400富豪榜以1060亿美元的资产排名第2。2020年4月，《福布斯》公布的全球富豪榜，比尔·盖茨以净资产980亿美元排名第2名。他在《福布斯》2020年9月公布的美国前400大富豪排名榜排名第2名，资产达1110亿美元。

  从信息技术（IT）到人工智能技术（AI），这是继工业革命之后技术驱动经济增长的延续。2022年年底发布的ChatGPT[①]应用程序，通过理解、学习和使用人类的语言与使用者进行对话，根据聊天内容进行互动，可以完成各种任务包括撰写邮件、视频脚本、文案、翻译等工作，甚至包括写代码、写论文等复杂任务。2023年2月4日，以色列总统艾萨克·赫尔佐格[②]发表了部分由人工智能（AI）撰写的演讲，成为首位公开使用ChatGPT的世界领导人。[③] 知识累积发展出来的科学技术的不断进步，在持续影响和改变人类的生活方式和生存状态，而作为知识应用主体的存在，每个人的未来又与自己所掌握的知识密切相关。

---

  ① ChatGPT，全称聊天生成预训练转换器（Chat Generative Pre-trained Transformer），是微软公司投资的OpenAI开发的聊天机器人程序，于2022年推出。该程序使用大型语言模型并以强化学习训练。ChatGPT目前仍以文字方式交互，除了可以用人类自然对话方式来交互，还可以用于甚为复杂的语言工作，包括自动生成文本、自动问答、自动摘要等多种任务。例如，在自动文本生成方面，ChatGPT可以根据输入的文本自动生成类似的文本（剧本、歌曲、企划等），在自动问答方面，ChatGPT可以根据输入的问题自动生成答案。此外，ChatGPT还有编写和调试计算机程序的能力。

  ② 艾萨克·赫尔佐格（Isaac Herzog），以色列政治家、现任以色列总统。他是第六任以色列总统哈伊姆·赫尔佐格的儿子。

  ③ 陈小慧.上线60天月活破亿，ChatGPT会抢谁的饭碗？[N].深圳商报，2023-02-09.

三、知的价值

案例三

知本主义在华为公司的应用

知本主义即知识本位主义,是以知识为基础,以知识的实际应用推动社会和经济的发展[①]。知本主义是以知识资源作为驱动生产力发展的主要因素,知识资源储存丰富、更新快速、产出高效,社会受教育程度极高,依靠社会成员和社会组织的知识推动社会经济的发展和创新。从工业社会(社会3.0)、信息社会(社会4.0)、到智能社会(社会5.0)短短300年的快速发展,除了生产关系的决定因素外,另外一个主要的因素就是知识发展和科技进步,其为生产力的极大解放提供了技术上的可能性。

在现代经济学和企业管理学的发展过程中,知识作为新的生产要素受到的重视程度越来越高,"知识价值化、知识资本化"的理念被企业经营者、管理者和从业者广泛接受,成为重要的企业管理准则,完善了企业管理中的三本主义——资本、人本和知本。1991年,日本学者北矢行男出版了《"知本主义"的经营学:以企业文艺复兴为目标》一书,首次提出了知本主义可以作为企业经营哲学和管理工具,用于指导企业的经营管理。

1998年,华为公司公布了《华为基本法》,其中提到"劳动、知识、管理和资本共同创造了企业的全部价值"。华为公司是我国最早提出"知识价值论"和"实践知本主义"的企业,在具体应用中华为采取了重度研发经费投入战略、近乎全员持股分红方案、知识共享协作平台基础、知识价值创造转化机制等有效举措,彻底解决了价值分

[①] 百度百科。

配制度和人力资源管理的核心问题。在短短二十年内，华为公司成长为一家具有全球影响力的国际化科技公司。

知识作为重要的生产要素和社会资源，已被广泛地接受和认同。人能够发挥主观能动性，有目的地利用所掌握的知识，合理组织资本、材料、设备、人力等要素进行生产，为市场提供所需的产品或服务，并完成盈利、纳税、就业等社会责任。掌握了行业知识和技术技能的人才，在所处行业的人才市场中具备相应的行业价值，这种行业价值由人才自身所掌握的知识技能、行业人才的竞争性和企业对未来可盈利的预期三个因素共同决定。具备一定的知识和技能，就具备了相应的竞争力和选择权。

四、知的外延

已知的外延是未知，未知的外延是无知。已知是知道自己知道的、未知是知道自己不知道的，已知和未知构成了有知；而无知是不知道自己不知道的。已知和未知是可以察觉识别的，而无知则是人的心力暂时无法察觉和识别的，主要是因为人的思辨力和思维力是极其有限又微弱的，耗尽所有的能量都无法穿透世间万物的奥秘，只得简单归纳为"道者万物之奥"[①]。当一个人所知道的已知和未知越多，包容就越广。无知者无畏，说的是初生牛犊不怕虎的勇气与无所畏惧的精神，但也正因为无知者对于自己的无知不能察知，便以为自己无所不能无所不知，无畏之心就变成了莽撞或盲从。而有知者敬畏，指的是知识越多的人越能认识到自己的有知和未知有限、无知无限。正如无知是有知的外延，有知越多，外延界面则越大，所知的无知就越多。有知是无知的内核，内核越小，无知越大；有知越多，对自我与外界了解得就越多，越知道世界

---

① 老子.道德经[M].合肥：安徽人民出版社，1990.

的五彩缤纷和知识观念的千差万别，就越能包容豁达（见图2-2）。

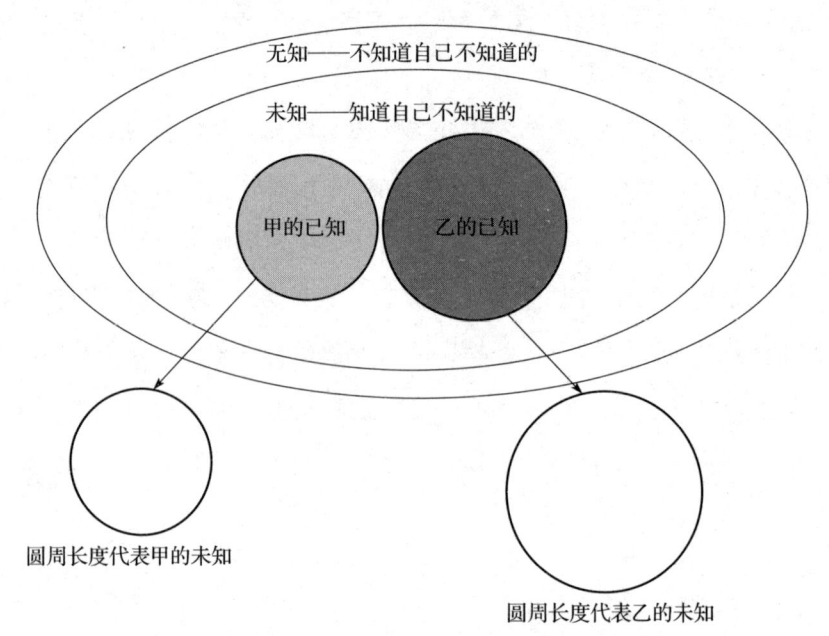

图中文字：
- 无知——不知道自己不知道的
- 未知——知道自己不知道的
- 甲的已知
- 乙的已知
- 圆周长度代表甲的未知
- 圆周长度代表乙的未知

圆越大，圆周越长，已知与未知的介面就越大
未知的范围越大，未知与无知的介面就越大

图 2-2　已知、未知、无知

五、应知应会

企业在人力资源管理中经常提到的知识储备和技能要求是应知应会，这是进入职场最基本的知识技能要求。应知应会原是 ISO 9000 质量管理体系的专业术语，本意为员工所掌握的与质量相关的必备知识和技能，在职业化主动干预系统中，应知应会的定义被扩展到职业生涯过程中必须掌握的且企业经营管理所需要的各种基础知识、专业知识、技能、工具和经验累积。

职业生涯（Career）是与职业相关的行为、活动及相关的态度、价值观、愿望等连续性实践的过程，是实现职业、职位的变迁及职业目标的全过程。职业发展的状态、过程及结果就是职业生涯。职业生涯包括学习期、成长期、发展期、稳定期和衰退期五个阶段，每个岗位在每个阶段所需要的应知应会是不相同的，应知应会不仅是职场的"敲门砖"，还是铺筑职场之路的基石。

企业经营者所需的应知应会，与其他岗位相比，需要更多的知识和能力储备，如丰富的管理经验、灵活多变的协调组织能力，还需要锐意进取的开拓精神、坚韧不拔的抗压心态。

第二节　知的被动

一、知的来源

知识论又称认识论，是与知识有关的哲学分支，主要研究知识的本质、起源和范围，认识论的正当性，信念的合理性以及各种相关问题。认识论是哲学的一个主要子领域，其他主要子领域有伦理学、逻辑学和形而上学等。认识论在知识来源的探讨上，形成了各种观念，主要为经验主义、观念主义、理性主义、客观主义、具象主义等。经验主义者认为知识是人类经验的产物；观念主义者认为人类感知到的世界只是观念的构造；理性主义者认为人出生时就具有一些并不来自感官经验的先天的思想；客观主义者认为人类通过感官从外在世界获得知识，而不是通过任何方式创造或发明，知的来源见图2-3。

以笛卡尔为代表的理性主义者的观点浓缩在"我思故我在"的著名论断中。理性主义把知识的来源解释为三点：一是知识来源于天赋和本能；二是理性主动摄取知识；三是理性高于感官感知，通过感官得到的信息，需要依靠理智和演绎推理的方式才能形成知识。现代理性主义表达的主要观点是人类行为应该由理性所支配。

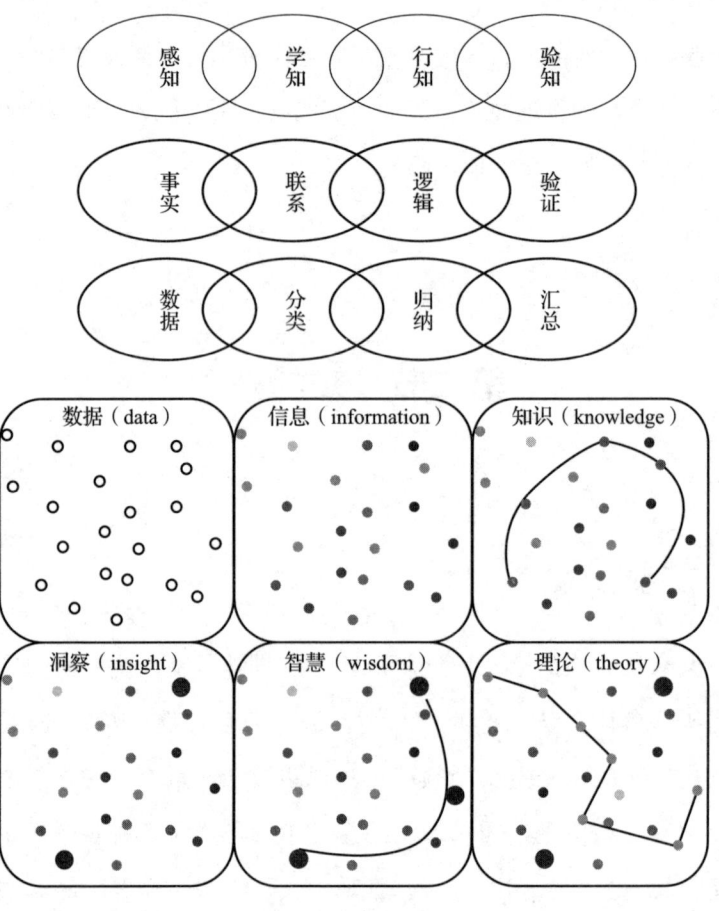

图 2-3　知的来源

经验主义者认为知识仅来自或主要来自感官经验，强调经验证据在思想形成中的作用，而不是凭借天赋观念或传统。经验主义者认为，人类的心智在出生时是"空白的"，只有通过感官经验才能发展其思想，并不能主动获取知识，必须经过适当归纳或演绎才能形成知识。逻辑实证主义被认为是从经验主义而来，经验主义的方法至今还在影响着自然科学的发展，而近代一些新的理论学说对经验主义的地位产生了冲击，如量子力学、建构主义[①]和托马斯·塞缪尔·库恩[②]的《科学革命的结构》。

主动干预系统原理认为，知识是由知觉系统对外界和自我产生的认知，由天赋的思辨功能对认知进行理性的演绎推理之后形成的，是可以被验证和应用的信念，按照其直接来源分为感知、学知、行知和验知。感知是由感官系统主动获取的信息，经过自己理性演绎推理后认同的知识；学知是感官系统被动获取的信息，但没有经过自己的理性演绎推理，包括从学校、家庭和社会被动获取的内容；行知是行为经验累积经过理性判断形成的知识；验知是经过实验或检验形成的知识。在主动干预系统启动前，从学校系统学习的经过他人理性演绎推理形成的学知是知识的主要来源。实际上，学知只有经过自己的理性演绎推理，经过验证后才能形成概念上的知识，在此之前，也只是存储在记忆体系中的数据或者事实。零乱的数据转化为知识，需要经过分类、归纳，孤立的事实转化为知识，需要经过联系、逻辑和验证。

二、知的被动

一定要了解的是，每一个生命的需求、言行大多是被动的，而不是自主自发的，其中也包括知识的获取。科学发展溯源，地球上的每一个元素，包括组成人体及生命的元素，都来自宇宙大爆炸时产生的物质，这也意味着每个人的出生都是被动的，而不是自己主动的选择，更无法

[①] 建构主义是从认知主义发展而来的。建构主义认为，世界是客观存在的，但是对于世界的理解和赋予的意义是每个人自己决定的。每个人是以自己的经验为基础来构建现实，或者至少说是在解释现实。个人世界总是用自己的头脑创建的。由于每个人的经验以及对经验的信念不同，于是对外界世界的理解也是各不相同的，所以建构主义更关心如何以原有的经验、心理结构和信念为基础来构建知识。余胜泉，程罡，董京峰. e-Learning 新解：网络教学范式的转换 [J]. 远程教育杂志，2009，17（3）：3-15.

[②] 托马斯·塞缪尔·库恩（Thomas Samuel Kuhn），美国物理学家、科学史学家和科学哲学家，代表作为《哥白尼革命》和《科学革命的结构》。其最有名的著作《科学革命的结构》(*The Structure of Scientific Revolutions*)，为当代的科学思想研究建立了广为人知的讨论基础，因此可以说是最有影响力的科学史及科学哲学著作，常被引用到科学史之外的其他领域中。《纽约时报》认为，库恩的此著作让"范式"（paradigm）一词变成当代最泛用的词汇之一。

获得他人的同意。出生后牙牙学语，通过模仿和观察去了解这个世界，言行是受到家庭环境、学校教育和社会生态的影响生成的，这是一个被动灌输的过程，而不是一个主动获取的行为，特别是在童年时期，原生家庭的关系和环境的影响起到了决定性作用。

知识的获取，必然也存在着很大的被动性。只有学会了独立思考，才有能力辨识和判断所知、所感、所学的内容，主动筛选"好的和有用的知识"，剔除"坏的和没用的知识"，逐渐形成自己的价值观。

三、知的疑惑

年轻人在步入职场前，对于未来是既憧憬又迷惘。在学习成长的过程中，年轻人可以自主选择的人生大事，一是高考填报志愿，二是毕业之后双向选择自主就业。但这两项选择，往往会受到父母的干扰而不能遂愿，特别是当孩子的想法与父母的想法有冲突时。出现冲突的原因大多源于父母希望孩子能够弥补父母所憾，让孩子去实现父母未达成的理想。殊不知父母的职责，并不是以所谓过来人的身份，自私地让孩子去实现父母的理想，而是要帮孩子实现孩子自己的梦想。即使孩子勉强听从了父母的决定，但当所选非兴趣时，很容易产生负面情绪，损害个人身心健康。

把爱好当成工作、把工作当成爱好，两者相比，所需付出的心力完全不同。前者轻松愉悦主动积极、后者则需要悉心培养，一旦不成，就可能在职业生涯的某个阶段出现职业危机，需要改换工作甚至重新选择职业方向。

诺贝尔经济学奖获得者阿比吉特·班纳吉[①]与埃斯特·迪弗洛[②]在

[①] 阿比吉特·班纳吉（Abhijit Banerjee），印度裔美国发展经济学家，麻省理工学院福特基金会国际经济学教授。2019年，班纳吉获得诺贝尔经济学奖。

[②] 埃斯特·迪弗洛（Esther Duflo），法国经济学家，阿卜杜勒·拉提夫·贾米尔贫困行动实验室（J-PAL）联合创始人，2019年诺贝尔经济学奖得主之一，美国麻省理工学院发展经济学教授。

《贫穷的本质：我们为什么摆脱不了贫穷》一书中指出，教育、健康与经济是决定贫穷与否的关键因素。阿比吉特·班纳吉与埃斯特·迪弗洛在贫困地区设立"贫穷实验室"，通过十多年的观察分析得出结论：贫穷程度与受教育程度呈负相关关系，受教育程度越低，贫穷程度越高；而受教育程度越高，富裕程度越高。教育的本质是启发而不是教化，通过知识的汲取以唤醒沉睡的意识。但从注入式的填鸭教育到启发式的素质教育的转变还需要一个非常漫长的过程。

四、知的职业化

本书特别以职场员工的职业价值创造和企业使命实现为对象，以职场员工的职业化过程和企业的商业化过程为例，通过职业发展七格主动干预系统和企业经营七格主动干预系统的运行，分析了主动干预系统的原理。除此之外，在序章中还提到一些笔者在从业过程中积累的经验和理念，都是笔者认为非常有效而且容易做到的职业发展工具和方法，包括：①情绪管理及破除执念的情景构建；②一页纸原则；③兼容性格式；④预览检查；⑤细微改变始于善小乐易的习惯，不必纠结于根除旧习惯；⑥镜像投射法，调节自我认知；⑦知识共享，打破专业垄断和部门歧视；⑧分解—重组创新方法。

另外，在企业的商业化过程中，要建立企业的价值观和共享的知识平台，应用各种管理工具完成产品和服务的商业化，形成企业独一无二的品牌形象，保持顺应市场的应变和创新能力，从而通过使命的引领，实现企业存在的普遍意义和独特价值。

这都是专业基础知识的通识教育，职业化需要的知识技能不是课堂上可以学到的，需要在步入职场之后学习，比如沟通技巧、时间管理、协调组织，甚至是文档整理等。在工作中，笔者常用的三个技巧是兼容性原则、预览原则和一页纸原则。

兼容性原则：移动时代，PDF 格式比 Word 文档匹配各种终端设备的兼容性更好，如果只是呈报而不需要另行编辑，在通过 WeCom、电子邮件、WeChat、WhatsApp 等应用发送文档时，将 Word 文档转化为 PDF 格式，会更方便读取者在不同终端设备上查阅。

预览原则：使用 Excel 编辑文档，内容整理完毕后通过打印预览检查并调整到可整页打印的格式，避免使用者在需要打印时另行调整格式，且能避免因使用者自行调整格式而令数据丢失或发生错误。

一页纸原则：指的是将方案或报告的内容，整理到一页 A4 纸内，避免分页，必要的、详细的内容可以作为附件出现，这是笔者进入职场后始终坚持的做法。这样做不但令自己对方案或报告的整体内容和逻辑了然于胸，使用者也可以通过一页 A4 纸的内容掌握方案报告的全局，大幅提升沟通效率。

这些职场小知识有助于提升自己与他人的效率。当每个人的效率都提高时，组织效率的提升就成为一种必然。

五、知的商业化

企业的诞生是创业者的主动行为，也是创业者主动的职业选择。以经营管理者的身份对企业负责，需要主动进取，以更丰富的知识、经验、过人的胆识去规范管理、开拓市场。创业者需顾忌和考虑的因素很多，包括行业趋势、政策调整、市场起伏、供方变动等外部客观环境的变化；战略规划、组织目标、组织架构、管理制度、业务流程、职责分工、部门设置、岗位分析等管理要素；产品研发、规划设计、生产组织、销售实施、成本管控、合约采购、财务规范、资金管理、税务筹划、法务风控、监察审计、人力规划、行政安排等专业分工。

管理起源于人作为动物性的本能，部族首领对原始部落、帝王对

第二章　正于知

臣民、将军对士兵都有指挥权和支配权，这种指挥和支配，就是管理职能的体现。垂直型组织架构最早源于军事管理，下级只服从一个上级的指挥，只对该上级负责。因其结构呈"金字塔"形，又称金字塔式组织。

把管理当成一门科学研究，始于弗雷德里克·泰勒[1]于1911年出版的《科学管理原理》。泰勒在1898年进行了"搬运生铁块实验"，通过观察、分析和测试的方法，培训和改变工人的操作方式，从而提高了生产效率。经过逾百年的发展，管理学这门学科硕果累累，先后发展出亨利·法约尔[2]的管理理论、马克斯·韦伯[3]的组织理论、亚伯拉罕·马斯洛[4]的需求层次理论、道格拉斯·麦格雷戈[5]的人性假设理论、弗雷德里克·赫茨伯格[6]的双因素理论、彼得·德鲁克[7]的目标管理理论、威廉·戴明[8]

---

[1] 弗雷德里克·泰勒（Frederick Taylor），美国管理学家、科学管理的主要倡导人，被后世称为"科学管理之父"，代表作为《科学管理原理》。

[2] 亨利·法约尔（Henri Fayol），法国矿学工程师，管理学理论学家。他是古典管理理论的先驱之一，法约尔的一般管理理论对企业内部的管理活动进行整合，提出了管理的五项职能。这些被认为是最早出现的企业战略思想，其核心是拟定一个能涵盖企业各方面收入、支出状况的预算，并将经营实绩与之比较，以求控制成本和调整企业的生产行为。

[3] 马克斯·韦伯（Max Weber），德国社会学家、历史学家、经济学家、哲学家。与卡尔·马克思和埃米尔·杜尔凯姆一起被公认为现代西方社会学的奠基人。对西方古典管理理论的确立有杰出贡献，被后世称为"组织理论之父"。

[4] 亚伯拉罕·马斯洛（Abraham Maslow），美国心理学家，以提出需求层次理论而闻名，该学说是一种基于优先满足人类先天需求的心理健康理论，最终达到自我实现。他也强调关注于人们（心理层面）积极品质的重要性，并反对将人视作"装满症状的袋子"。

[5] 道格拉斯·麦格雷戈（Douglas McGregor），美国麻省理工学院史隆管理学院教授。他所著的《企业的人性面》一书深刻地影响了教学领域。在该书中，麦格雷戈主张在一定环境中雇员可以通过权威、引导、控制、自我控制而达到激励效果。该理论即著名的X理论和Y理论，其中Y理论被广泛地运用于当今的企业管理中。

[6] 弗雷德里克·赫茨伯格（Frederick Herzberg），美国心理学家、行为科学家、人力资源管理专家，双因素理论的创始人。

[7] 彼得·德鲁克（Peter Drucker），奥地利出生的美国作家、学者，他专注于写作有关管理学范畴的文章，被誉为"现代管理学之父"。"知识工作者"一词经由彼得·德鲁克的作品变得广为人知。他催生了管理这个学科，同时预测知识经济时代的到来。

[8] 威廉·戴明（William Deming），美国统计学家、作家、讲师及顾问。

- 49 -

的 PDCA 循环品质管理理论、迈克尔·波特[①]的竞争战略理论、彼得·圣吉[②]的学习型组织理论等，几乎每十年就有一部惊世著作影响学术界与工商界，持续为经营管理者提供有效的管理工具，不断拓展管理者的认知范围和实践领域，与工业技术和市场经济共同推动生产力的突飞猛进。管理学发展过程中的主要代表如表 2-1 所示。

表 2-1 管理学发展过程中的主要代表

重要人物	代表理论	代表著作	主要内容与贡献
弗雷德里克·泰勒	科学管理	《科学管理原理》	1911 年泰勒在《科学管理原理》一书中提出了四项基本原则： （1）用科学的方法代替工人判断的经验法则 （2）用科学的方法选拔和培训工人，分析和测试他们是否适合工作，而不是让工人去寻找他们认为合适的工作，让他们自己去培训 （3）应在员工和管理层之间培养团结合作的精神，以确保工作能够按科学程序完成 （4）管理者和工人要平等分工，量力而行，做最合适的工作。应该纠正过去把大部分工作和责任归于工人的弊端 泰勒的第一原则今已广泛发展及应用于"方法工程"（Methods Engineering）及"工作衡量"（Work Measurement）两学科之中。目前因实验心理学及生理学的结合，发展成为"人因工程"（Human factors Engineering），已广泛用于工业管理。第二、第三原则发展成为"工业关系"（Industrial Relations）中的主要功能。第四原则发展成为计划与控制的基本管理功能，由专门管理人员负责，使基层领班与工人不必再注意彼此

---

① 迈克尔·波特（Michael Porter），著名管理学家，企业经营策略和竞争力的权威，商业管理界公认的"竞争战略之父"。

② 彼得·圣吉（Peter Senge）是美国的系统科学家，美国麻省理工学院史隆管理学院资深教授，新英格兰复杂技术研究所兼任教授，著有《第五项修炼》。

续表

重要人物	代表理论	代表著作	主要内容与贡献
亨利·法约尔	一般管理理论	《工业管理与一般管理》	第一次对于管理学的基本理论进行了综合描述，提出管理有5项职能和14项基本原则。其中管理的职能为：预测和计划（Plan）、组织（Organize）、命令（Command）、协调（Coordinate）、控制（Control）。 14项管理的基本原则： （1）劳动分工：这个原则和亚当·斯密的"分工原则"一致。通过分工提高效率来提升产出 （2）权力与责任：责任和权力是相互的。有责任必须有权力，有权力就必然产生责任 （3）纪律：员工必须遵守和尊重管理这个组织的规章。好的纪律来源于有效领导力；管理者和工人在组织规章下相互理解；对于违反纪律的正确地惩罚 （4）统一命令：一个下级人员只能接受来自一位直接上级的命令 （5）统一方向：每个拥有同样目标的组织活动应该被一位管理者用一个计划来指导 （6）个体利益服从整体利益：任何一个员工的利益或一组员工的利益都不应该居于组织整体的利益 （7）报酬：必须给工作和服务以公平的薪水 （8）集权：集权指的是下级参与决策制定的程度。决策制定是集权（对于管理者）或者分权（对于下级）的一个比例问题。任务是对于每种情况找到最优的集权程度 （9）等级链：从高层管理者到最底层人员的权利连线代表了等级链，沟通应当遵循这条等级链。然而，如果遵循这条链导致时间延迟，跨等级链的沟通是被允许的，如果参与方都同意并且直接告知主管 （10）秩序：人和物都应该在合适的时间出现在合适的地点 （11）公平：管理者应该宽容和公正地对待下级 （12）人员的稳定：人员流动性高是效率低下的。管理者应该提供有秩序的人员安排并且保证有替代人员可以补缺空位 （13）首创精神：员工如果被允许创立和执行自己的计划会提高工作主动性 （14）团队精神：团结可使企业产生巨大的力量。实现团队精神最有效的手段是统一命令

续表

重要人物	代表理论	代表著作	主要内容与贡献
马克斯·韦伯	组织理论	《社会和经济理论》	倡导建立高度结构化、正式的、非人格化的"理想行政组织体系"。韦伯认为，等级系统中的所有行为都在基于机械规则的理性系统中运行。所谓制度，是一个封闭的制度，所以在这种等级制度下的员工，都是经过正规、公正的选拔。组织内也有严格的分工、明确的权限、正式的规章制度，同时也有明确的职权阶层及正式的法规与规范，同时具有不徇私的非人情化管理方式
乔治·梅奥	人际关系理论	霍桑实验	实验结论： (1) 改变工作条件和劳动效率不直接相关 (2) 决定生产效率的因素是员工情绪 (3) 关心员工的情感和不满情绪有助于提高劳动生产率
亚伯拉罕·马斯洛	需求层次理论	《激励与个性》	需求层次理论：人的需求分为生理需求、安全需求、社交及情感需求、自尊与受人尊重的需求，以及自我实现的需求共五个层次
弗雷德里克·赫茨伯格	双因素理论	《激励因素》	双因素理论："保健因素"与"激励因素"影响行为绩效，前者指"消除不满"的因素，后者指"提升满意"的因素。保健因素包括工资、条件等，而成就感、晋升和认同则属于激励因素
道格拉斯·麦格雷戈	人性假设理论	《企业的人性方面》	这是一对完全基于两种完全相反假设的理论：X理论认为人们有消极的工作源动力，而Y理论则认为人们有积极的工作源动力 X理论基于古典管理理论中的"经济人"假设而提出，认为员工天性好逸恶劳，只要可能，就会躲避工作，以自我为中心，漠视组织要求，员工只要有可能就会逃避责任，安于现状，缺乏创造性，不喜欢工作，需要对他们采取强制措施或者惩罚办法，迫使他们实现组织目标。Y理论建立在"自我实现人"假设上，认为员工并非好逸恶劳，而是自觉勤奋，喜欢工作，员工有很强的自我控制能力，在工作中执行力强

续表

重要人物	代表理论	代表著作	主要内容与贡献
道格拉斯·麦格雷戈	人性假设理论	《企业的人性方面》	任务的承诺，不仅能够承担责任，而且还会主动寻求承担责任。绝大多数人都具备做出正确决策的能力。持X理论的管理者会趋向于设定严格的规章制度，以减低员工对工作的消极性。持Y理论的管理者主张用人性激发的管理，使个人目标和组织目标一致，会趋向于对员工授予更大的权力，让员工有更大的发挥机会，以激发员工对工作的积极性
伯尔赫斯·斯金纳	强化理论	《行为的归因》	人类或动物会在他们的环境中采取特定的行为来实现某个目标；当这种行为带来的某种反应或后果对他有利时，这种行为以后还会重复出现，这种结果称为"强化"；相反，当某种行为对他们不利时，自然会减弱或消失，而个体对行为结果的后续反应则是通过操作性条件反射进行的。由于"强化"的及时出现，个体在未来相同情境中重复该行为的概率增加，说明"强化"对个体的反应起到了强化作用
维克托·弗鲁姆	期望理论	《工作与激励》	动机（Motivation）取决于行动结果的价值评价（Valence），及其对应的期望值（Expectancy）和手段、工具（Instrumentality）的乘积：$M = V \times E \times I$ 该理论引出了调动人们工作积极性的三个条件：努力与绩效的关系、绩效与奖励的关系、奖励与满足个人需要的关系
斯塔西·亚当斯	报酬公平理论	《工人关于工资不公平的内心冲突同其生产率的关系》	侧重于研究工资报酬分配的合理性、公平性及其对职工生产积极性的影响，指出员工的激励程度来源于对自己和参照对象（Referents）的报酬和投入的主观比较感觉
赫伯特·西蒙	决策理论	《管理行为》	决策贯通于管理的全过程，管理即决策 决策标准无"最优"
切斯特·巴纳德	社会合作系统	《经理人员的职能》	提出了"协同与组织理论"和"正式组织中高阶管理人员的职能和运作方法的研究"

续表

重要人物	代表理论	代表著作	主要内容与贡献
弗雷德·菲德勒	权变理论	《Z理论》	认为雇员需要被关怀、被信任，人际关系好也是激励，要注重激励的长期效应。Z理论强调： （1）重视团队合作而非个人表现 （2）公司期待员工是通才而不是专才，员工在各部门间轮调，以对公司的整体运作有更深和更广泛的了解 （3）员工的升迁是缓慢而按部就班的 （4）公司更注重与员工的长期雇佣关系 （5）员工对公司有责任感 X理论和Y理论体现了西方的管理原则，而Z理论则强调在组织管理中加入东方的人性化因素，体现出东西方文化和管理哲学的磨合与融合
亨利·明茨伯格	经理角色	《管理工作的实质》	创立了管理角色学派、战略过程学派和实践管理教育模式
彼得·德鲁克	目标管理理论	《管理的实践》	（1）对各种宏观经济学理论持怀疑态度 （2）化繁为简，避开生产过多的商品、雇佣多余的员工和错误的投资等的倾向陷阱 （3）对"计划性遗弃"的需求 （4）崇尚科学管理原则 （5）对社群意识的需求 （6）目标管理：给员工定一个明确目标，而主管无需频繁介入，让员工工作时有较多的自主性，员工完成的结果作为考核依据 （7）顾客导向：提供商品或服务给顾客是公司的责任，获利并非公司的目标，但却是永续经营的必要条件，对职员和社会的责任，是公司持续经营的主要责任
弗雷德·卢桑斯	权变理论	《管理的权变理论：走出丛林之路》	权变理论是一种组织理论，它声称没有最好的方法来组织公司、领导公司或做出决策。相反，最佳行动方案取决于内部和外部情况。权变领导者可以灵活地选择战略，以适应组织运行中特定时期的情况变化
威廉·戴明	质量管理	《戴明论质量管理》	戴明的主要贡献在于提出了全面质量管理、持续改善、员工参与、团队精神等
迈克尔·波特	竞争战略理论	《竞争优势》	明确地提出三种通用战略：成本领先、差异化、集中化

续表

重要人物	代表理论	代表著作	主要内容与贡献
彼得·圣吉	学习型组织理论	《第五项修炼》	所谓"第五项修炼"就是系统思考。其他四项修炼分别是：自我超越、改善心智模式、建立共同愿景及团队学习。通过这五项修炼可以建立一种能在变动环境中持续扩展群体创造、创新能力并在工作中活出生命意义的组织，即"学习型组织"

资料来源：笔者根据百度百科、维基百科及其他公开资料整理。

随着工业技术和市场经济的发展，产业知识与交易模式快速发展，新产业新行业层出不穷，市场逐渐细分：商品市场、人才市场、技术市场、金融市场等，凡是与企业相关的一切经营生产和商业活动，都需要在有形或无形的市场中完成。创业者如果参与或主导企业的经营管理，就需要学习、了解和掌握管理知识、行业知识和交易知识；如果缺乏相关知识或不愿直接参与经营管理，可以从人才市场或通过猎头招聘专业人才来协助管理，也有机会把企业做大做强。

第三节 知的区分

一、知的区分

孔子说"朝闻道，夕死可矣"，孔子所谓的道，是治国的"仁道"，笔者将其引申为"有用的知识"与"有害的知识"。为什么要强调和区分这一点，因为人被灌输的知识，除了可以简单地区分为"自然科学"和"社会科学"外，还有一种"价值观操纵的知识"，如表现在待人接物、关系处理、言情表达、沟通交流等方面，这部分可以看作人格的外显，但最终还是由价值观决定。

自然科学的知识是通过反复验证的，极少涉及价值观判断，通过有规律的学习可以掌握。而社会科学的知识和所谓的"价值观操纵的知识"，是存在很大差异的。比如，所谓的"三观不合""意识形态不同"在现代社会中非常常见，家庭关系、工作关系、社会关系中的各种矛盾和冲突所造成的偏见和争执往往会形成积怨，破坏人的情绪和心态，笔者把生产仇恨、形成积怨、破坏情绪、令人愤怒忧愁的知识称为"有害的知识"。又如，西方以前的君权神授的观点，被那个时代奉为正统和正确，但随着时代的更迭和文明的进步，这些所谓的正统和正确，早已经被更文明更先进的观点和知识所替代。而缺乏对哲学知识和逻辑学知识的教育和学习，是这个时代普遍的通病。

知识是人类共享的文明成果。科学无国界，科学家却是有国籍的，科学技术是第一生产力，掌握最先进的科学技术的科学家自然也是权力意欲垄断的对象。

二、知的选择

每个行业都有先驱者和精英付出巨大努力，他们披荆斩棘，开疆拓土，造就了行业在社会生态上的生存与发展，并为社会提供了若干就业机会，在探索行业发展规律的同时，也积累了宝贵的经验和丰富的知识。选择了某个行业，就是选择了这个行业的优秀者，主动向他们学习，是迅速汲取行业知识的最快捷的途径。然而职场也是小社会，也需要与各种各样的人打交道，竞争与合作有可能在同一个场景、同一个关系中同时出现。

处理职场中的糟粕，不只是警惕小心或者洁身自好就可以避免的，如果将职场所接触的一切，纳入主动干预系统里进行知识管理，区分好的知识、有害的知识，主动摒弃有害的知识以免对自己潜移默化，汲取有用的、好的知识做到有效应用，主动干预系统的知识管理就会启动行为机制，职业生涯的发展将会健康有序地持续进行。

在所有的知识中，正确的财富观是价值观中非常重要的内容，是在社会生活和职业发展中一定要坚守的准则。财富是什么？金钱就是财富吗？只有用才能、知识与技能获取的正当收入，才是为社会规则所许可的真正的财富。那些通过不正当手段捞取、攫取的金钱，并不是真正的财富，只会让人坠入无底深渊。《增广贤文》中的"君子爱财，取之有道"，并不是泛泛的说教和民间谚语，而是来自古训智慧的一种财富观。

三、知的共享

知识的发展过程本质就是知识共享的过程。企业部门与部门、岗位与岗位之间的分工合作，也是知识共享和应用、价值实现的过程。

经常听到企业管理层要求某个部门要有大局观，所谓的大局观来源于企业经营管理的全面知识和某个发展阶段所面临的主要使命。经营管理的全面知识应该覆盖所有部门的专业运作，而企业各发展阶段的使命并不相同。例如，创业阶段的主要使命是开拓市场，扩展阶段的主要使命是提升效率，规模扩大之后的主要使命是强化管理，上市之后的主要使命是财务规范。这些不同阶段的主要使命是企业在不同发展阶段的创收能力不同所衍生的需求，侧重不同，相互并不冲突。

所谓大局观，实际上就是要学会从企业经营者全面思考统筹安排的俯瞰角度出发，先遵循公司的经营目标和主要使命，再到部门职能和岗位职责所赋予的分解目标：目标管理（Management by Objective，MBO）、管理层收购（Management Buy-outs）、目标和关键结果（Objective and Key Result，OKR）、关键绩效指标（Key Performance Indicator，KPI）。

大局观的形成，并非依靠宣贯或者顿悟就可以实现。各部门的专业知识、规章制度和外部规范，是指导本部门专业运作的基础，也是经过实践经验的系统积累。除持续学习本部门和本岗位运作所需的知识外，尽可能地去学习业务链中相邻部门涉及的相关知识和运作方式，是大局观形成的客观基础。每个部门和岗位存在的价值，实际上是通过业务价值链的整体运作实现的，为公司做贡献的本质就是为相邻部门和相邻的岗位做贡献。每个岗位的价值，表面上是由公司评定的，但其本质是由本部门上司、同事和下属，以及相关部门的上司、同事和下属共同决定的，因为他们是构成公司的群体，他们也是代表公司在行使职责，相互服务满足需求的过程就是为公司工作的过程。

传统的绩效评价大多是自上而下的，对行为、态度等的评级或打分主要由上司评定。创新性的绩效评价与考核经过360度打分、MBO、KPI、OKR等各种关键指标、关键行为结果连同周边部门认同的比重越来越大。因此，绩效考核也是一种社会评价，这种社会评价，周边部门的意见会越来越重要。成功的个体只存在于成功的团队中，从来不会出现在失败的团队中，也就是说，在一项任务中，只有成功的团队和个人，而不会存在不成功的团队但成功的个人。

部门与部门、岗位与岗位之间往往是存在歧视链的。歧视链的存在主要表现为"专业垄断"，即本部门的专业知识常以"说了你也不懂"的方式拒绝沟通交流，而真正的专业是用通俗平实的语言，把专业复杂的内容讲解给一个不具备相关知识的人，让他/她快速理解和掌握。专业垄断和部门壁垒客观上是存在的，也有主观的因素，偶遇假专业真骗子也是可能的，因此主动去学习相邻部门相关领域的好的知识，这样才能持续提升自己的复合能力，让自己的职业通道越走越宽，这才是正途。

案例四

房地产项目的可行性分析报告

一个房地产项目的可行性分析报告的形成，是对项目地块的自然属性、规划指标、产品规划（包括产品定位、产品分布）、设计规划、造价预算、资金测算、施工组织、销售定价、营销推广、回款进度、税务筹划、成本结算、交付退出等涉及各专业部门（如图2-4所示），甚至是各合作单位等外部资源全过程全周期的分析和沙盘推演，需要各部门各专业密切配合，方可严谨、客观、完整。即使如此，在项目立项进入开发阶段后，也要在各个阶段对可行性分析报告所涵盖的内容进行比对分析，查找报告与实际存在的不符之处，查找原因，分析对策，以便对后续开发工作及时调整。在这条业务链上，每个部门输出的内容和数据，都是为了满足相邻部门的需求，每个部门输入的内容和数据，也都是相邻部门的输出，各部门的数据、内容和结论的整合，形成了报告的可行性内容，从而实现了业务链的整体价值，缺少了任何一个部门的内容和数据，可行性分析报告业务链的价值，就多了主观和臆断，少了客观和严谨。

在不同的公司，项目可行性分析报告的组织牵头部门各不相同，有的公司是由投资部门牵头，有的公司是由财务部门牵头，还有的公司是由市场营销部门牵头。这主要是根据各部门在公司的角色和能力决定的，前提是牵头部门要有评估整合各部门输出成果的能力，这就需要能做到区分、评估、判断和决策。

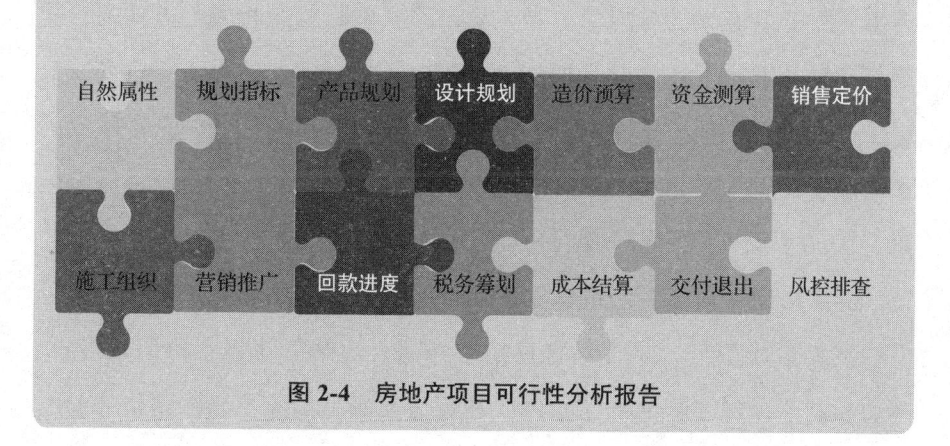

图2-4 房地产项目可行性分析报告

第四节　知的主动

一、知的主动

　　主动剔除有害的知识，汲取有用的知识，是一个非常重要的选择。只有认识到知识的获取大多是个被动的过程，需要主动汲取"好的知识"，才能变被动为主动。转变的前提是要学会独立思考，学会思辨筛选。思辨需要有哲学理论的支撑，而在哲学知识丰富之前，调整行为，改善认知，往往是一念之间的事。执念的形成，往往是因为自构情景，如把知识的获取当成极其困难的事，需要付出极大的努力而不见得有获益，或者是把所处环境中的人贴上臆想的、夸大的标签或看作假想敌，从而为自己的心理暗示、情绪宣泄或歧视行为找一些合理的开脱。

　　破除执念说困难，也容易，所谓的一念之间就是如此。既然执念大多出于臆造或夸大的自构情节和人设，那么破除执念相应的方式为自构情节，自己想通了往往就是捅破一层窗户纸的瞬间，除非不想改变，只想保持现状。例如，你在雨天上班途中，被一辆快速行驶的汽车溅起的水浇湿了，生气是常理，但转念一想，或许车中有个孕妇赶着去医院生孩子，顿时怒气、怨气尽消，一天的好心情也不会被破坏了。

　　情景构建是情绪管理的重要内容和有效方式，情绪管理被视为领导力的重要组成部分，是指对自身情绪和他人情绪的认识、协调、引导、互动和调节，建立积极的情绪体验和行为反应，消除不当的情绪体验与行为反应。① 乐观积极的情绪与悲观消极的情绪，对个人行为和对组织行为产生的影响是不同的，乐观积极的情绪能激发热情和潜力，始终充满着动力，而悲观消极的情绪会让人沮丧，甚至造成心理疾病。

一般认为情绪管理有四种最基本的形态，分别为拒绝、压抑、替代和升华。拒绝即拒绝接受某些事实的存在，从而产生情绪防御；压抑是强制性排除；替代是导入与迁怒；升华是真正有效的情绪管理机制，是将不良情绪转化为动力。自我认知能力和社会认知能力水平也决定情绪管理的能力，自我认同和包容是做好情绪管理的必要条件，因为只有认同和包容自己，才有可能接纳和包容别人，对他人的否定和排斥，本质上都是对自己的否定和排斥。

二、知识管理

在主动干预系统中，知识管理具有支配地位。知识管理是有意识地对自己所掌握的知识进行识别、积累、分类、汇总、赋值、实施的过程。心理学中一般认为，人的行为是由意识和动机支配的，经常表现为缺乏理性而不受控制，对知识进行管理，可以激活知识支配行为的机能。

职场上的诸多行为表现为逻辑而理性，这就是对知识进行管理，由知识支配行为的成效。若是无用的知识或有害的知识来支配，往往会出现错误的行为或者是无效的行为，因此，主动把无用的、有害的知识剔除到行为驱动的因素之外，也是避免错误、降低损害最有效的方式。除了专业的知识，职场还有生存和发展所需要的其他知识和技能。有些企业的工作氛围恶劣，但只要掌握了基本的生存之道：适应、胜任、超越、优秀、卓越，就能形成个人的职场竞争力甚至成长为行业的精英。

企业最基本的目标，与人的需求别无二致，都是生存与发展。把个人发展的路线图与企业的规划蓝图相契合，主动适应企业的文化环境和

---

① 张庆.浅析我国保险营销员的情绪管理[J].经营管理者，2011（1）：139.

行事风格，从公司与经营者的视角辨清自己所处岗位在企业和部门中的职责分工，在保证力所能及完成本职工作，符合上司和公司期望的前提下，超越上司和公司的期望，才能保持优秀表现，做出卓越贡献，成为行业里的佼佼者。

适应与超越，优秀与卓越，需要主动学习好的知识，做好知识管理，锻炼真本领，坚持初心，守住本真。

三、知的理性

对于企业经营者肩负的责任而言，知识管理显得更为重要。经营者的各种决策是综合客观与主观、宏观与微观等各方面的因素做出的判断，也是知识支配行为的典型，因此经营者的大多行为表现为理性大于感性，有内在的逻辑和规律可循。

经营者的知识管理能力，影响甚至决定企业组织的知识管理体系。经营管理生产的有效运转是由企业组织的知识集合所支配的。企业组织的知识集合源自组织内的知识共享。在各个部门和岗位中的零散知识，通过共享整合成系统，支配企业组织的经营管理，从而达成组织目标和使命，这个完整的过程就是企业组织的知识管理。

企业组织知识管理可以通过企业的管理体系自上而下地搭建，知识管理的成果不仅会在企业的管理体系、规章制度、业务流程中持续完善，也会在企业的日常经营管理和员工的工作行为中得以展现。企业做好知识管理，可以提升组织效能、降低管理成本、人才流失时仍可维系自生能力、保持经营的连续性和品质的稳定性。知识的主动更新是知识管理的重要内容，及时汲取补充迭代更新的新知识和新技术，淘汰低效无用的旧知识和旧技术，与社会生态环境同频共生，保持企业强劲、稳定的产品输出。

本章小结

知识管理在主动干预系统中具有支配地位，不管是社会家庭，还是企业，都要对自己的知识进行持续管理。知识管理要具备新陈代谢的能力，这是保持生命力和创造力的基础。

在进入职场前，人生最重要的两个可以有限主动的选择，一个是高考填报志愿的专业选择，另一个是自主就业双向选择，其他几乎都是被动的过程。进入职场后，在实践过程中保持旺盛的学习精力，是可以主动选择的，学习什么样的知识，也是可以自己做主的。

第三章

演于行

行，为人之七格主动干预系统中的第三格，在主动干预系统中定义是对"好的知识"的有意识的应用、实施、践行，是有目的的智用，而不是无意识的盲从，称之为智用机制。在职业生涯和企业经营过程中，行的定义可以总结为应用与投入，即通过应知应会的应用，投入时间、意愿、资源等，完成能量释放和转化，从而完成工作目标，实现企业目标。

案例五

经济人假设的理性行为

经济人假设是经济学和管理学中的重要概念，即假定人思考和行为都是有目标有理性的，唯一试图获得的经济好处就是物质性补偿的最大化。源自亚当·斯密在《国富论》中的一句话："我们每天所需要的食物和饮料，不是出自屠户、酿酒家和面包师的恩惠，而是出于他们自利的打算。我们不说唤起他们利他心的话，而说唤起他们利己心的话，我们不说我们自己需要，而说对他们有好处。"后来，帕累托将"经济人"（希腊语：Homo oeconomicus）这个专有名词引入了经济学。[1]

在主动干预系统中，人的行为可以分为由信仰支配的行为，如祈祷；由知识支配的行为，如在企业中的工作行为或者在经济活动中的投资行为；由精神支配的行为，如失心疯等神经失调出现的功能性障碍；由情绪支配的行为，如喜怒哀乐等。理性行为主要是由知识支配的行为，是创造社会财富的主要方式，主动干预系统强调以知识支配的行为为主导。

与经济人相应的是道德人，亚当·斯密在《道德情操论》中阐述了不同于经济人的人性的三个方面：同情心、正义感（合宜感）和行为的利他主义倾向。这些体现了人的道德性。他在《道德情操论》中说："人们不应该把自己看作某一离群索居的、孤立的个人，而应该把自己看成世界中的一个公民，是自然界巨大国民总体中的一员。……为了这个大团体的利益，人人应当随时地心甘情愿地牺牲自己的微小利益。"

亚当·斯密的这种思想发展成为"道德人"。无论是东方还是西方，都强调人生而来的责任，这种责任蕴含着生命存在的意义和使命。

---

[1] 谭桔华. "经济人"假设与政府管理[J]. 西安社会科学, 2019, 27(4): 106-109.

第一节　行未必果

一、行的智用

智用一词，源自诸葛亮《将苑·智用》："夫为将之道，必顺天、因时、依人以立胜也。故天作时不作而人作，是谓逆时；时作天不作而人作，是谓逆天；天作时作而人不作，是谓逆人。智者不逆天，亦不逆时，亦不逆人也"。[1]智用是知识应用的理性行为，在主动干预系统中发挥能量释放的功能，是发生质变之前的行为能量的累积。

二、行的预期

知，未必行，信则行。而行，未必果。对行必果的期望如果不符合预期，伴之而来的是失望、沮丧，进而放弃。这是行途中最大的业障。对果的期望，远远高于对行的期望，则容易掉入急于求成的陷阱。

行未必果的原因，存在诸多因素，如行之不当、不得其法可能达不到预期、欲速则不达等。但更多的是我们看不到或不能控制的外部因素造成的。果的达成需要天时地利人和，天时地利非人力可控，属于不可抗力，人和包括人际关系、合作协同等不可控外部因素。所谓的尽人事

---

[1] 译文为：将帅带兵出征想夺取战斗的胜利，必须考虑到天候、战机、人的素质这几方面的因素，要顺天候、得战机、具备相应的战斗力。所以在顺应了天候、也具备了相应的战斗力，但时机却不成熟的情况下出兵是逆时；在具备了相应的战斗力，有了成熟的战机，但不具备天候条件下出兵是逆天；在顺应了天候、抓住了战机，但却不具备士兵相应的战斗力的条件下出兵是逆人。明智的将帅，领兵作战是绝不会逆天、逆时、逆人的。(搜狗百科)

听天命，有时是对行而不果最得体的注解。区分行与果，保持对行的热忱，把果当作水到渠成的自然事件，怀有"但行好事，莫问前程"的心态。

三、行的条件

行的关键，是做好自己能够做到的部分，行得其法、行而得当。任何事情都是有窍门的，无论是跑步、社交，还是洗衣、烧饭，在埋头苦干的同时，寻求专业的指导、支持和帮助，可以事半功倍。

向优秀者学习，也是一个取得成功的重要途径。很多人在创业成功后都会说幸得贵人扶持，贵人可以理解是非常优秀的人，而所谓的扶持，不只是金钱的资助，还有方式方法的传授、经验教训的吸取，以及行为方式潜移默化的影响。

选择好的环境是行可持续的因素，此为地利。对于就业或者创业而言经济发达的城市是最佳选择，成功的概率会更高。例如，跑步时首先要选择安全的环境，避开复杂路面和其他不安全的场所，以免发生意外。笔者最喜欢在没有机动车的公园绿道、海滨栈道跑步，不仅是出于安全的考虑，最重要的是空气清新、环境优美，能让心态愉悦放松，可以进行沉浸式的深度思考、冥想，给跑步过程增添更多的仪式感、愉悦感和成就感。

四、行的投入

主动干预系统是一个蓄能、释能的过程，职业生涯同样也是如此，职业生涯可投入的内生资源有三种，分别为知识、意愿和时间。三种资源中弹性最小的是知识，在一定时期内累积的知识是定量的；时间则是受总量限制但仍有可支配的弹性；弹性最大的是意愿。释能的过程是投入与产出的过程，产出是关于所投入的知识、意愿和时间的函数，因此，只要改变投入的知识、意愿和时间的量，就会改变产出的值。回报则是由产出所决定的，也就是投入决定产出，产出决定回报。产出是结果，个人的回报则是职业成长、收入增长、经验累积、技能提升，而企业的回报则包括业绩增长、盈利增加、品质提升、客户满意度提高等。

五、行的计划

在企业经营中，通过主动干预系统实现企业的灵魂三拷问——"我是谁、从哪里来，到哪里去"，需要根据企业的使命、愿景和价值观，制定任务书、路线图和时间表，任务书是企业要实现的主要经营目标指标和关键行为成果，如销售额、利润率、市场占有率、市场开拓目标等，路线图是要通过哪些工作开展和安排来实现经营目标指标和关键成果，时间表是对起始日期和完成日期的设定。

任何一项工作，都可以制定任务书、路线图和时间表。例如，任务书是在限定的时间内，就某一个项目的可行性进行判断，得出是否投入的结论；路线图是投资部门、营销部门、设计部门、成本部门、工程部门、财务部门、物业部门等的分工，根据可行性分析报告的需要输出专业内容；时间表是设定启动时间和完成时间。实际上，任务书、路线图和时间表就是计划管理的核心内容。计划的对象包罗万象，大至经营计划、资金计划、开发计划、年度计划等，小至专项计划、节点计划、开盘计划、周计划等。

即使企业的经营严格按照既定的计划周密实施，也不总是能按照既定的计划开花结果。计划的本质是一种预判，计划编制的条件和资源基于编制计划时的预计和判断，而计划编制的条件，如人事的变动、资金的配比、物料的盈缺、市场的起伏、政策的调整等都存在诸多变量。实施计划的过程，需要不停地根据变量的变动，进行比对分析和调整，评估是否可以实现既定目标。

计划实施的第一原则，是优先实现既定目标，而不是延迟完成时间或调整目标。当出现人力短缺时，应尽快增补；资金配比不足时，需采取措施充盈。经过综合细致的评估程序，如影响既定目标的客观条件的确无法补救或替代，且在计划周期内没有反弹或者恢复的可能性时，方可调整既定目标的完成时间，但同时一定要保留原计划冲刺完成的可能性，特别是长周期的计划，如年度计划、开发计划等。即使调整了既定目标的完成时间，也无法完成既定目标时，方可对既定目标内容进行调整，这是最后的无奈之举。

计划不能如期达成的主观因素，最主要的是对编制计划的条件估计得过于乐观。因此编制计划时，要主动规避主观判断的干扰。

人的能动性也会影响计划的完成时间。可以根据条件设定冲刺计划和正常计划、超额计划和一般计划。能在冲刺时间内完成就予以奖励，在正常时间内完成则不予奖励，未按正常时间完成则进行处罚；对在规定的时间内超额完成任务的进行奖励，对只完成一般任务的不奖不罚，对未完成一般任务的则进行处罚，等等。

为了确保计划的实施，计划分解是非常必要的。例如经营计划分解为销售计划、资金计划、设计计划、施工计划、招标计划、招聘计划等；主项计划分解为里程碑计划、一级节点计划、二级节点计划和专项计划等；年度计划分解为月计划，月计划又分解为周计划等；公司计划分解为部门计划，部门计划分解为岗位计划等。计划分解与目标分解是相生相伴的，不可分割，在做好计划分解的同时，一定要做好目标分解。在实际操作中，目标分解可以根据历史数据和规律进行；若没有历史数据和规律可循的，可以按照月份平均数进行分解；目标分解不合适的，再参考淡旺季或者是行业的一般规律进行调整。

在实践中，不建议频繁地对目标任务进行调整，可以通过设定超额任务目标和一般任务目标来避免。也不建议频繁地调整完成时间，可以通过编制冲刺计划和正常计划、乐观条件计划和悲观条件计划，使条件发生变化时，总有一份计划可以参照执行，这也是对客观条件和主观因素所做的全面评估和各种情况出现变化的预判，可以通过同时编制不同条件的计划，以多变应多变，减少频繁地调整计划，以保全计划的权威性。

　　时间管理是计划管理的基础，时间的本质是人类认识世界的参数，是衡量物质在空间运动变化的虚拟概念。在人类的经济活动中，时间既会产生孳息，也会创造价值。凡是能够产生价值的要素，都可以作为资源，时间就是一种无法直接储存的资源，只能通过运动和变化加以使用。如何利用好时间这个特殊的资源，对于企业和个人都是一个需要面临的课题，应对这个课题最好的理论是帕累托法则。

　　帕累托法则（Pareto Principle，也称"80对20"法则、关键少数法则、二八定律）是罗马尼亚管理学家约瑟夫·朱兰[①]博士提出的一条管理学原理。该法则以意大利经济学家维尔弗雷多·帕累托[②]的名字命名。维尔弗雷多·帕累托提出了著名的关于意大利社会财富分配的研究结论：20%的人口掌握了80%的社会财富，该法则又被称为"80对20"法则。朱兰博士把这个结论引入管理学，认为在任何情况下，事物的主要结果只取决于一小部分因素，即关键的少数。在管理实践中，这个理论被应用到各个领域，经过反复的试验检验后，被证明其在大多数情况下是相符的，并被众多经营管理者所接受，对在工作中抓大放小、高举轻放的行为产生了根深蒂固的影响。

　　帕累托法则在时间管理中应用的主要原则是要事第一，80%的成果是由20%的关键事项决定的，因此将事情按照轻重缓急分为四类：A为重要且紧急的事情，如救火抢险；B为重要但不紧急的事情，如规划、学习、培训、体检等；C为不紧急不重要的事情，如追剧、玩游戏等；D为紧急不重要的事情，如打牌三缺一等。优秀的时间管理者，会把80%的

[①] 约瑟夫·朱兰（Joseph Juran）是举世公认的现代质量管理的领军人物。1951年出版的第一本著作《品质控制手册》，为他赢得了国际威望。朱兰提出的品质管理学说包括品质由策略、改进及控制组成。

[②] 维尔弗雷多·帕累托（Vilfredo Pareto），意大利经济学家、社会学家，对经济学、社会学和伦理学做出了很多重要的贡献，特别是在收入分配的研究和个人选择的分析中。

时间放在 B（重要但不紧急的事务）上，这部分事务决定了一个人或组织的产出，也是因为如果不花时间在重要不紧急的事情上，那么那些重要不紧急的事情就有可能变成重要紧急的事情，最终让人疲于应付，导致风险增多。至于不重要的事情，无论是紧急与否，都不用分配太多时间去处理，如图 3-1 所示。

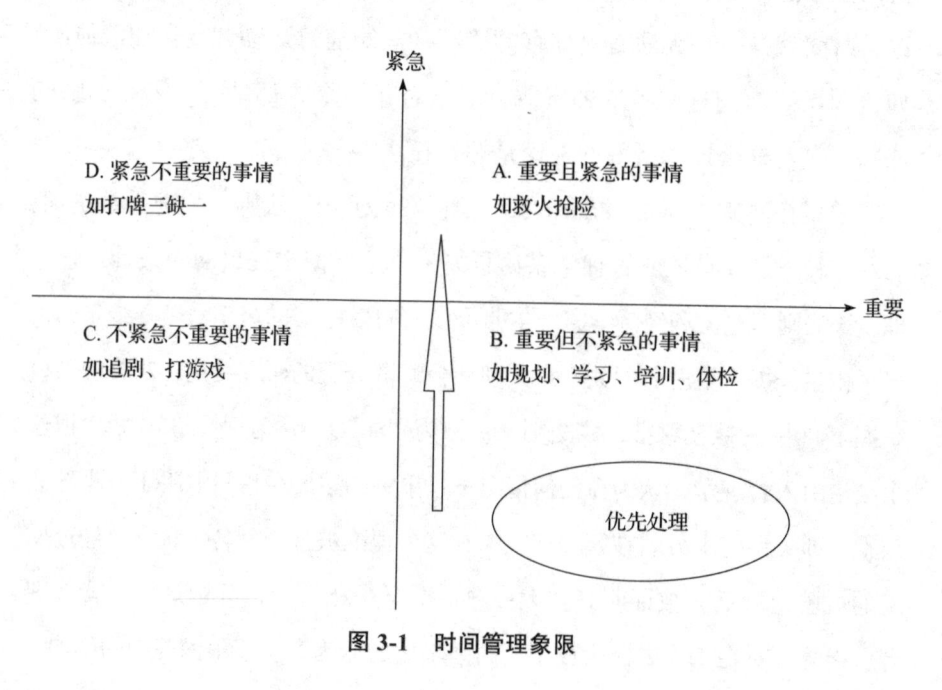

```
                        紧急
                         ↑
   D. 紧急不重要的事情      A. 重要且紧急的事情
   如打牌三缺一            如救火抢险
   ─────────────────────┼─────────────────────→ 重要
   C. 不紧急不重要的事情    B. 重要但不紧急的事情
   如追剧、打游戏          如规划、学习、培训、体检

                                  （优先处理）
```

图 3-1　时间管理象限

第二节　行不必果

一、行的释然

把果当成行的目标去追求，有时会背上包袱。在行的过程中，不必

去想天时、地利、人和此等复杂的条件，想做就做、爱做就做，让行变得快乐、轻松，不需负重前行、更无需隐忍而行，那么行的本身，就是一件自然而然的事情，果也就是水到渠成的获益。

人的生命自身就是一个运动的周期，历经生、长、盛、衰、亡的过程。现代社会的各项公共功能已覆盖民生的各个角落，有能力实现物质的供给，基础医疗的保障和教育资源的充足，让人类日渐摆脱贫困、饥饿、疾病和愚昧的困扰。而个人的物质需求始终有限，心灵的宁静、心理的健康、心态的平和、心情的愉悦、精神的富足是人们真正的追求。

二、行的愉悦

行善，可以产生愉悦，实现宁静平和；作恶，则会产生怨愤、厌恶、紧张、焦虑等负面情绪，这是由行为后果的可预期造成的。行善往往与积德联系在一起，而作恶往往与天怒人怨联系在一起。行善，在人之七格主动干预系统中，不是通常意义上的行善积德，笔者将其定义为对"好的知识"的应用和执行。作恶也不是通常意义上的为非作歹，而是对"错误的知识"的应用和执行。例如，有人跑步伤膝盖，那是因为没有掌握正确的跑步姿势，或者是没有根据自己的身体条件做正确的跑量规划，采用正确的跑步姿势与合理的跑量规划，不但不会伤膝盖，反而会保护和强壮膝盖，让膝盖远离伤痛。

因此，只要应用和执行了"正确的知识"，即通常意义上的行善，就会产生愉悦、平和、宁静和成就感等各种体验。

有些善，不一定能得到善报，并不是善自身的错误，而是在一些看不到的地方出现了问题。如果企图善报而被动地去行善，自然就舍弃了行善的愉悦。

很多计划在执行的过程中被中止，或不能实现既定目标，这些现象的发生或者与设定任务和编制计划时过于乐观有关系，或者是客观条件发生了变化,以及组织实施不得力,但任何计划在实施的过程中,都要进行复盘和总结,特别是对受可控因素影响造成的未能达标的原因进行分析、改进,以逐渐提升计划管理能力,持续提高运营管理水平。

第三节　行已是果

一、行即是善

孟子曰:"大人者,言不必信,行不必果,惟义所在。"[①] 即在认知和设定上可以再进一步,如果把"行善"作为目的,而不把行必果的"果"当成目的,则行本身就已经是行之目的,完成行的过程即可。《增广贤文》有:"但行好事,莫问前程。钝鸟先飞,大器晚成。一年之计在于春,一日之计在于寅。一家之计在于和,一生之计在于勤。"

二、行的赐予

果是行发生后的自然事件,就好比水稻需要浇水施肥才能生长,但浇水施肥的农夫却不敢贪天之功,水稻种子在合适的温度和湿度中生长成熟的属性不是农夫赐予的,而是自然赐予的,农夫只是按照自然赐予水稻的属性,做了该做的农活而已。只要农夫按照正确的方式浇水施肥,水稻的生长成熟就是一个自然事件。在主动干预系统中也是如此,只要行善,开花结果就是一个自然而然发生的事件了。

---

① 摘自:《孟子·离娄章句下·第十一节》。

三、行的回报

企业通过正当经营追求盈利是一种本能，也是一种责任。企业在短期内实现盈利的方法并不多，原因却很多。如果把企业持续地提升盈利能力作为果，而不仅仅是把企业的盈利作为果，不把能力的提升当手段，而是当作果，自然就会关注行动的过程。仍以计划管理为例，如果计划管理能力是提升企业盈利能力的基础，那么如何提升公司的计划管理能力，就会被管理层所重视，自然也就会加强计划的全过程管理。

同理，如果员工把完成既定的工作目标作为果，而不关注持续提升的个人能力，即使完成了工作目标，也有可能是处于"适应、胜任、超越、优秀、卓越"五个阶段中的"适应"阶段，只有持续提升才能实现卓越。

第四节　知难行易

一、知先行后

《大学》说："致知在格物。"朱熹认为格物致知的具体内容是"穷天理，明人伦，讲圣言，通事故"，在"知""行"的关系上，朱熹主张"知先行后"。朱熹的知行观是指儒家的个人道德修养和实践。在文明与知识集大成的现代社会，孩子们需要经过长达十多年的学校生活，学习各科基础知识和专业知识，在成年之后再通过工作，把所学所知应用到各个行业，去施展自己的才华，实现个体上的经济独立。

经济基础决定上层建筑，经济上的独立，是实现自我的动力，摆脱了经济上的依赖性，就有可能形成独立的思考、自由的意识，而独立思考和自由意识是创造力的基础，是创新的源泉和动力，是改造客观世界最犀利的工具，人类文明发展到今日，每一步创新，都需要知识的沉淀与突破，都是技术创新和国家资源的整合。

二、行易知难

一个理论，往往需要通过几十年几千次反复实验才能证明或证伪。而人的行为改变，可以通过主动干预系统实现。比如，常说的积习难除，可以通过养成一个小小的好习惯，或者将一个个比较简单的念头或想法，定下时间去付诸行动。这些小小的改变，日积月累往往会形成难以置信的涓滴效应，可以消除惰性，增强行动力。员工完成工作的行为需要企业目标的引导，提前画好路线图，定下时间表，有序实施。

三、行的经济

管理学上一般认为福特汽车开创性地发明了汽车生产流水线作业，极大地提高了生产效率，是对亚当·斯密在《国富论》中提出的社会分工创造最大社会财富可能性理论的最好验证。这是管理学与经济学相互验证的最经典的案例之一。

经济学是研究社会经济活动和社会经济关系及其运行发展规律的学科。中文"经济"一词最早见于隋朝王通的《文中子》："皆有经济之道，谓经国济民。"与今天的经济的具体含义是不一样的。经济学的研究对象和要素覆盖了国民财富，包括市场与政府，供给、需求与产品，生产、消费和投资，价格和成本，劳动、土地和资本，税收和财政，效率与公平，经济增长与商业周期，货币、银行和金融市场，中央银行与货币政策、汇率与国际金融体系，失业、通货膨胀和经济政策，国际贸易与保护主义，环境和效率等社会经济活动的方方面面，是一门综合性极高覆盖范围极广的学科。

经济学在近代的发展，经过六次革命（见表3-1），第一次革命始于18世纪亚当·斯密发表的《国民财富的性质和原因的研究》（即《国富论》），标志着经济学作为一门独立的学科的诞生。此后分别经过第二次革命（古典经济学的穆勒综合）、第三次革命（边际革命）、第四次革命（马歇尔新古典主义综合）、第五次革命（凯恩斯革命）、第六次革命（新古典综合学派综合）。

2008年西方应对金融危机的诸多措施都是采用了凯恩斯主义的国家积极干预政策，比如对大型金融机构的注资和托管等，以国家信用为恐慌的金融市场背书，抵挡市场信心雪崩式的下滑，当恐慌和挤兑消退之后，又采取了新古典综合学派的主张，撤销相应的干预政策，让市场自主自由运行，恢复市场信心。这是经济学理论对社会经济运行的重大影响和作用的典型案例。然而在实际中，一个政策的制定，往往需要协调各方的利益，甚至是各方力量需要多次博弈，才会达成一致，这个政策制定的过程，往往比政策的实施过程更复杂，更令人困扰。

表3-1 经济学的六次革命[①]

经济学的六次革命	代表人物	国籍	代表著作	发表时间	主要内容
第一次革命（斯密革命创立古典经济学）	亚当·斯密	英国	《国富论》	1776年	《国富论》的发表标志着经济学作为一门独立学科与政治学脱钩，该书被誉为"第一部系统的伟大的经济学著作"。这部著作是现代经济学的奠基之作，之后的经济学家基本是沿着该书的方法分析经济发展规律。这部著作夯实了资本主义自由经济的理论基础，首次提出了"市场经济会由'无形之手'自行调节"的理论

---

① 根据维基百科、百度百科及公开资料整理而成。

续表

经济学的六次革命	代表人物	国籍	代表著作	发表时间	主要内容
第二次革命（古典经济学的穆勒综合）	约翰·穆勒	英国	《政治经济学原理》	1848年	约翰·穆勒全面系统地吸收和综合了姆斯·穆勒等的工资基金说、西尼尔的节欲说、大卫·李嘉图的地租论等，成为经济学史上第一次有着集大成意义的经济理论，集中体现在他的经济学著作《政治经济学原理》中。古典经济学的核心之一是劳动价值论
第三次革命（边际革命）	卡尔·门格尔	奥地利	《国民经济学原理》	1871年	边际主义的主要内容由边际效用和边际成本发展而成。19世纪70年代，英格兰的威廉姆·斯坦利·杰文斯、奥地利的卡尔·门格尔和法国的里昂·瓦尔拉斯分别提出了边际的概念，被称作新古典主义革命或边际革命。边际革命提出了效用价值论，从效用价值的角度分析自由经济的合理性，分析方法由总量分析转向边际分析。边际革命使经济学从古典经济学强调的生产、供给和成本，转向现代经济学关注的消费、需求和效用，经济资源稀缺性的提出，促使经济学家运用边际分析的方法去观察经济问题。稀缺论生成了资源配置论，认为财富的增长、人类福利的增长是因为资源配置得当，增量投入与增量产出的关系受到了重视，边际生产力、边际成本、边际收益、边际替代率、边际消费倾向等概念成为经济学研究的重要对象，边际分析的广泛使用是经济学研究的重大变革
	威廉姆·斯坦利·杰文斯	英国	《政治经济学理论》	1871年	
	里昂·瓦尔拉斯	法国	《纯粹政治经济学纲要》	1874、1877年	

续表

经济学的六次革命	代表人物	国籍	代表著作	发表时间	主要内容
第四次革命（马歇尔新古典主义综合）	阿尔弗雷德·马歇尔	英国	《经济学原理》	1890年	1890年，马歇尔出版了专著《经济学原理》，将主观和心理边际效用价值论与客观劳动价值论相结合，形成了一种平衡的价值论。这一理论融合了最初完全相反的经济学理论和思想。它在坚持演绎推理的同时，也广泛使用了边际分析。因此，马歇尔综合是一个更宏大的综合，汇集了前人的理论思想，使边缘主义学派和古典经济学派从相互排斥到互补融合，在古典经济自由主义"看不见的手"的旗帜下重新统一了经济理论。自由无为仍是基本准则，研究重点除了生产，还增加了消费和需求，资源配置成为经济学研究的新中心，并解释了价格优化资源配置的机制。因此，新古典经济学是古典经济学的延续，但它也以新的视角和新的方法讨论自由放任的思想，因此被称为新古典经济学
第五次革命（凯恩斯革命）	约翰·凯恩斯	英国	《就业、利息和货币通论》	1936年	1936年，凯恩斯发表的《就业、利息和货币通论》一文引发了经济学的第五次革命，具有革命性的理论主要是： （1）经济中不存在生产和就业向完全就业方向发展的自动机制 （2）总体的经济趋向制约个人的特定行为 （3）商品总需求的减少是经济衰退的主要原因，维持整体经济活动数据平衡的措施可以在总体上平衡供给和需求

续表

经济学的六次革命	代表人物	国籍	代表著作	发表时间	主要内容
第六次革命（新古典综合学派综合）	保罗·萨缪尔森	美国	《经济学》	1948年	萨缪尔森阐明了新古典经济理论和凯恩斯理论之间的逻辑联系：这是适用于两种不同条件的理论，两者可以共存，因此也被称为新古典综合理论。新古典综合理论的出现，让凯恩斯之后西方经济学界出现的理论分歧消失了，对凯恩斯的理解与对新古典综合理论的理解达成了一致。新古典理论的综合与凯恩斯主义被悉数全收，成为政府干预经济的理论基础。随着经济理论的逐渐成熟、政府的有条件干预和市场机制自由放任的不断完善，两者在分工、合作和职能分工方面将日益成熟。日益完善和健全的市场机制将催生成熟的市场力量，政府将看到其在市场管理方面的内在缺陷和工作重点，摒弃任意干预，转变市场监管和社会服务，建立以市场为主要因素、政府为辅助因素的经济发展宏观框架，充分发挥市场在调节经济发展中的主导作用，并在市场化条件下为人们培养价格跟随机制，不盲目跟风，成为理性的经济人，最终依靠市场预期使价格恢复平衡。与此同时，商会和商业规范的有效兴起，使那些扰乱市场运作的人无法立足，但也有意识地限制了人们从事经济活动

企业生存和发展对现金流的需求，往往是依靠销售部门、市场部门、融资部门等实现的，这些部门会产生直接收益或提供现金流的支持，所以这些部门的受重视程度会超过其他部门。计划管理部门、运营管理部门和其他职能部门不直接产生现金流，很容易被忽视。根据木桶原则，

水桶最大的装水量由最短的那块板决定，借用这个理论来理解，企业所能创造的最大价值，也是由最被忽视的那个部门决定的，虽然不像木桶原则那么容易理解，但却是"知难行易"的表现，一旦真正理解这个道理，就会主动采取措施加强计划管理和其他基础管理。

本章小结

在天赋能力范围内，我们可以追求改变行为，将行为作为目标和目的，将行为的完成作为果，至于行为带来的其他变化和机遇，就是一个自然事件。当然，除了自然事件的结果，行为还会带来另外一个非自然事件的结果，那就是习惯的养成，即人之七格中的第四格——习。

追求行比追求果更重要。如同保持持续的盈利能力比单纯的盈利数据更重要。"授人以鱼不如授人以渔"说的也是这个道理，而缘木求鱼是单纯追求果而不得其法的典型。

第四章 成于习

习，为人之七格主动干预系统中的第四格，意思为习惯，包括在童年和各个时期无意识生成的或有意识养成的、固定下来常重复发生的言行、心态、情绪等。习是从量变到质变的神秘的催化剂，是被忽视的能变。能变过程在职业生涯中被定义为职业化，在企业经营管理中被定义为商业化。

案例六

高效能人士的七个习惯

谈到习惯，就一定会想到柯维①博士提出的高效能人士的七个习惯，他兼顾个人发展和团队发展的轨迹，提出了主动积极、以终为始、要事第一、双赢思维、知己知彼、统合综效、持续更新的七个习惯，如图4-1所示。

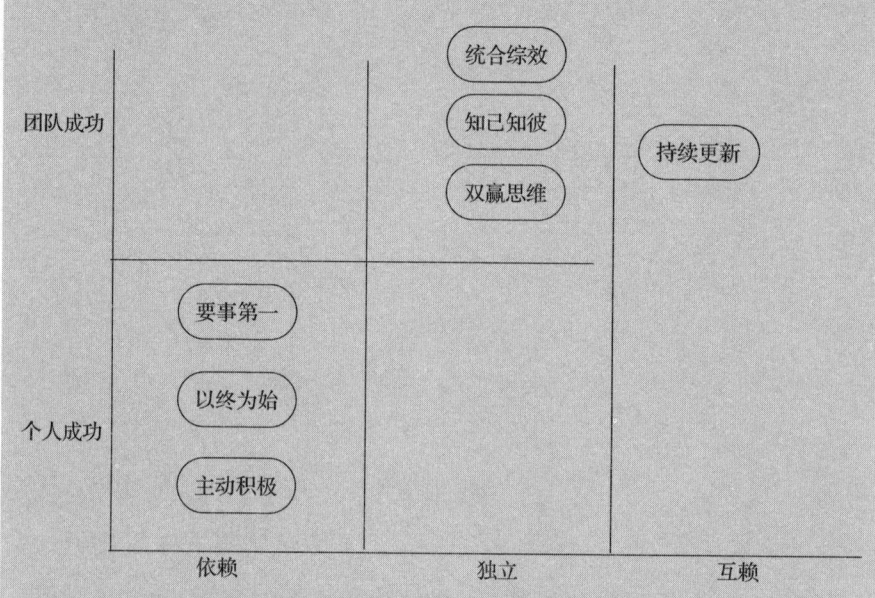

图4-1　高效能人士的七个习惯

柯维区分了原则和价值观。他将原则视为外部自然法则，而价值观仍然是内在的和主观的。价值观支配着我们的行为，而原则最终决定了后果。

---

① 史蒂芬·理查兹·柯维（Stephen Richards Covey），美国著名的管理学大师，著有《与成功有约：高效能人士的七个习惯》及其他畅销书籍。应21世纪的转变，他在2004年写了前书的续篇——《第八种习惯》；2008年，又推出了《7个习惯教出优秀的孩子——领导力教育的奇迹》，讲述美国北卡罗来纳州一家学校如何通过应用《与成功有约》一书提及的七种好习惯，来培养学校的学生成为未来社会的栋梁。

柯维创造了"富足心态"一词。这是一种思维方式，即一个人相信有足够的资源和成功可以与他人分享。富足心态与稀缺心态（破坏性和不必要的竞争）形成鲜明对比，稀缺心态的基础是如果他人在某种情况下获胜或成功，就意味着"你输了"，因为你没有考虑所有各方在特定情况下以某种方式"获胜"的可能性。具有富足心态的个人拒绝零和游戏的概念，并能够庆祝他人的成功，而不是感受到他们的威胁。笔者认为，富足心态源于高自我价值和安全感，因此可实现利润、认可和责任的分享。同样，企业在从事商业和经济活动时也可以采用富足心态，帮助企业实现基业长青和持续经营。

主动干预系统认为直接驱动理性行为的是知识，系统输出的是结果，受内因和外因共同作用，富足心态有助于帮助企业实现商业化，商业化是保证企业应对市场变化和竞争的基本能力。

第一节　习的本意

一、习的误解

习为"習"的简体字，习的本意为雏鸟尚未丰满的羽翼下长的一撮白毛，雏鸟在羽翼成长的过程中反复拍打翅膀，不断地为学习飞翔做准备。当这撮白毛褪色后，双翅变得有力，鸟儿就学会了飞翔，这个过程，即为习，意为反复学习、练习，最终成为一种本领和能力。有人说，有翅膀的鸟儿天生就会飞翔，是因为人们只看到了鸟儿在天上飞翔，就以为这是与生俱来的本事，但雏鸟也需要学习，直到羽翼丰满才会飞翔。

人类学习知识的过程，恰恰就是习的过程。孔子说"学而时习之，不亦乐乎"，很多人将习理解为练习、复习，而笔者将孔子这句话中习理解为主动干预系统的人之七格中的"行，用，做"，这句话就变成"学以致用"，即学习到知识后进行了应用，创造了价值，是很快乐的。

人之七格中的行和习，习是反复地行、持续地行、不断地行，但从行到习不只是简单枯燥的重复操作，信念必须贯穿从行到习的全过程，信生韧，韧生坚，只有坚信，才能持久，才能行得久，行得远，最终养成习惯。

二、习与职业

在百度百科中，职业化的另一种解释为一种工作状态的标准化、规范化、制度化，包含在工作中应该遵循的职业行为规范、职业素养和匹配的职业技能。[①] 即在合适的时间、合适的地点，用合适的方式说合适的话、做合适的事，不为个人感情所左右，冷静且专业。在主动干预系统中，职业化是职业习惯的累积，职业习惯是学习及应用反复持续进行的过程与结果，是知识、意愿和时间三种资源持续投入后产生的能量释放，然后再产生的能变过程。

个人职业发展计划的一个成果是职业化，职业化的主要表现包括能力、心态、个性全面匹配和满足所从事的职业需要，并可收获较好的薪酬，吸引最多的眼球。体育产业中高度商业化的职业联赛，把从事体育运动的优秀队员吸引进来，支付高的薪水、提供好的工作条件、组织合适的赛事，帮助他们实现职业化；通过出售门票、转播权、周边产品和广告赞助等高度商业化的经营销售活动，促进联赛的发展。

职业化的要求不是放弃自我的其他方面，而是提升自我的专业能力

---

① 李湘玉，彭昊．医学高等院校辅导员职业能力提升路径与方法研究[J]．高教学刊，2022（21）：160-163．

方面。很多人因为一些非职业化的习惯而不是因为潜质不足，在职业初期就被淘汰。而有些人虽天赋不足，但是保持了良好的职业化习惯，拥有了持续开发职业需求的能力，就能持续提升自己的影响力，甚至引领着行业的发展。

三、习与企业

企业的习，指的是持续应用所学的知识，养成持续创造财富的习惯，从而实现商业化。"让卓越成为一种习惯"，不仅是个人的内生需求，也是企业生存的条件，是在长期的规范管理行为和经营活动中养成的惯性，企业要养成商业化的习惯，必须回答一年或三年短期内"我是谁？从哪里来？到哪里去的？"的问题。科学管理的四个职能为组织、计划、领导和控制，而全员预算管理则是对管理四个职能的具体实施。

财务报告是一家企业的"体检表"，营业额、营业成本、毛利、销售费用、管理费用、财务费用、净利率等具体数据，显示了企业在一定时期内的健康程度，从一定程度上解答了"我是谁"的问题。通过分析这些指标，根据公司的经营目标、市场活跃程度等，可以设定在未来一年内各项财务指标的增长幅度或降低幅度，作为企业开展经营活动的依据。财务指标必须分解到各部门和各月份，例如，营业额指标由营销部门负责，营业额是由哪些项目的收入构成的，每个项目分摊到每个月的数额分别是多少。

财务指标的实现是经营计划实施的结果。财务指标的设定和分解，一定要与经营计划的编制和分解同步进行。经营计划同样也要分解到各个部门和月份，如销售计划、开发计划、生产计划、采购计划、资金规划、人力规划等。计划编制、分解考虑要全面，所有可能导致和影响财务指标不能完成的因素，都应该在计划中体现出来，重大因素需要编制专项计划，微弱因素也要有所体现，以避免错漏的发生。

指标和计划的分解是为了明确责任、落地实施、定期检查、及时评估，同时也设定了绩效管理的基本结构框架。绩效往往与考核并行，绩效考核只是绩效管理中的一环，绩效管理包括绩效目标设定、绩效计划制订、绩效辅导沟通、绩效考核评价、绩效结果应用、绩效目标提升等多个环节，又可分为个人绩效管理、部门绩效管理和组织绩效管理。从考核的角度，绩效目标的设定要有自己的特性，如 KPI 指标设定一般都会遵循 SMART 原则（见图 4-2）。SMART 原则是目标管理的一种方法。目标管理的任务是有效地进行成员组织及目标的制定和控制以达到更好的工作绩效。"目标管理"的概念由管理学大师彼得·德鲁克于 1954 年最先提出，目前在企业界得到广泛应用。

SMART 原则中的"S""M""A""R""T"五个字母分别对应了五个英文单词：Specific（明确的）、Measurable（可衡量的）、Attainable（可达成的）、Relevant（相关的）和 Time-bound（有时限的）。

无论是制定团队的工作目标还是员工的绩效目标都必须符合上述原则，五个原则缺一不可。

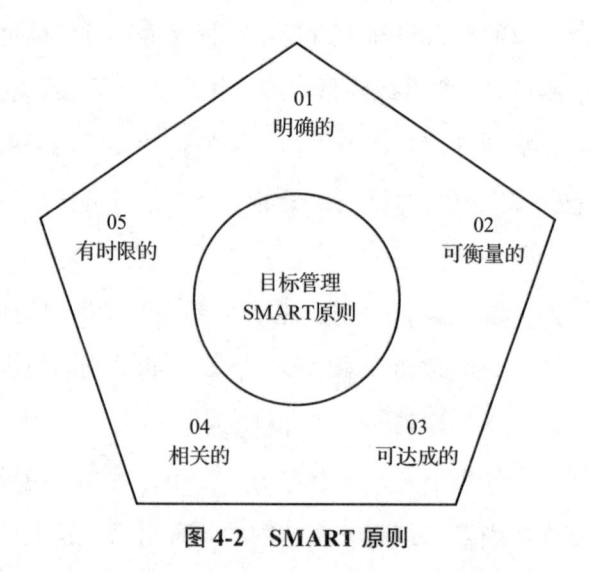

图 4-2　SMART 原则

财务指标、经营计划管理和绩效管理三驾马车的组合，就是全员预算管理的主要内容。全员预算管理覆盖了企业各个岗位、各个部门和各条业务链，需要整合公司的全部资源，细致烦琐，且不一定有立竿见影的效果，需要在摸索中积累。这也是一个反复操习的过程，有益于公司商业化的成熟。

第二节　习的惯性

一、习的惯性

　　物体保持静止状态或匀速直线运动状态的性质，称为惯性。惯性是物体抗拒其运动状态被改变的性质。艾萨克·牛顿在《自然哲学的数学原理》一书中将惯性定义为：惯性，是物质固有的属性，是一种抗拒的现象，它存在于每一物体当中，大小与该物体相当，并尽量使其保持现有的状态，不论是静止状态，或是匀速直线运动状态。惯性是物体的一种固有属性，表现为物体对其运动状态变化的一种阻抗程度，质量是对物体惯性大小的量度。当作用在物体上的外力为零时，惯性表现为物体保持其运动状态不变，即保持静止或匀速直线运动；当作用在物体上的外力不为零时，惯性表现为外力改变物体运动状态的难易程度。在外力作用下，相同加速度的物体质量越大惯性越大。所以物体的惯性，在任何时候（受外力作用或不受外力作用）、任何情况下（静止或运动）都不会改变，更不会消失。惯性是物质自身的一种属性。[1]

---

[1] 参考维基百科、百度百科。

行为是生命的运动形式，那么同一行为的累积和叠加的能量会形成情感记忆、思维记忆和肌肉记忆，从而建立自己的适应区和舒适区，再去改变会很困难。习惯，本身就是时间的量词，例如，有些人的习惯是从小养成的。如果行为只是持续了很短的时间，是无法称之为习惯的。积习难除，说的就是习惯的根深蒂固。养成好的习惯，非一朝一夕之功。

笔者正是通过"信、知、行、习"的人之七格的实践，自身验证了跑步能够让人健康快乐的这个"好的知识"，不仅具备了良好的体魄，而且通过在跑步中冥想和排空，重新构建良好的心态和乐观的精神。在生活中无论遇到任何困难，总能够积极面对，不被消沉击垮，这种乐观和积极，也日渐成为笔者人格的外在表现，童年时期因原生家庭形成的自卑、倔强、敏感、脆弱、木讷的内核，被自尊、包容、坚强、乐观替代了，在与多年不见的师友相遇时，都觉得笔者的变化是难以置信的。所以性格是可以通过人之七格的实践新生与重塑的。

这种潜移默化的变化是渐进的，一旦开始，就一发不可收拾。当一个好的习惯养成后，无论是工作上的日清日毕，生活中的断舍离，社交中的与人友善、平易近人，还是运动健身养成的乐观积极，都会成为性格的一部分，所谓的习性，并不是简单的习惯与性格的简称，二者之间有着内在的共生关系，性由习生。

二、习的职业化

职业化的路径并非一帆风顺，需要精心打理，内外兼修。职场的就业率也会跟随经济的起伏和市场的波动有自己的"晴雨表"，市场好的时候需求旺盛，就业率高，市场差需求萎缩时，就业率会降低。个人的就业机会固然受大环境的影响，但职业化程度可以决定失业的优先次序，职业化程度越高，企业所倚重的程度就越高；而当裁员大潮滚滚而来时，职业化程度低的人员会成为第一批失业者。因此，可以用简单的方式来判断自己的职业化程度，即是否为企业的核心与骨干，成为核心与骨干的前提是要有核心与骨干的能力。

在某个阶段，一个人所要处理的主要人际关系不会太多，只有七八个而已，而这七八个角色，都与自己的生活和事业密切相关。职业化过程中最需要处理的关系就是与上司的关系，超越上司的期望是维系上司关系的最好方式，以职业化的方式维系与上司的关系之余，处理好关系的第一步就是沟通，沟通的本质是使用编码—解码—反馈（见图4-3）的过程传递信息，编码要使用受众能够听得懂的语言，有效的沟通要传递的是受众没有掌握或不知道的信息，特别是跨专业、跨部门之间要保持有效的沟通。

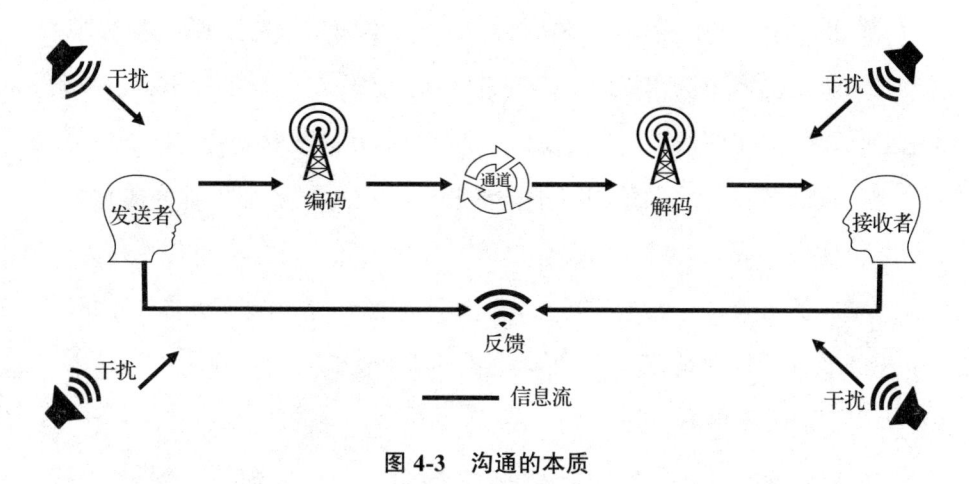

图 4-3　沟通的本质

另外，不能忽视工作中与周边相关岗位的关系，因为一个人的价值是通过社会评价体系来衡量的，组织评价不是自己对自己的评价，而是包括上司在内的周边同事对自己的评价，自己的价值体现就在于工作成果能否满足他们的需求，他们的需求即是内部客户的需求。

客户在市场营销学和 ISO 9000 质量管理体系中都有自己的定义，市场营销学认为客户是指可以用金钱或某种有价值的物品来换取财产、服务、产品或某种创意的自然人或组织，是服务或产品的采购者，他们可能是最终的使用者、代理人或其他供应商。ISO 9000 质量管理体系中客户的定义是接受产品或服务的人或组织。市场营销学认定的客户是组织外的独立方，ISO 9000 定义的客户包括了组织内使用产品或服务的人或组织。流程管理把 ISO 9000 中客户的概念引入企业组织，提出了内部客户的概念，内部客户的行为不是购买，而是共享，所有参与共享的岗位互为内部客户，内部客户的价值在于相互提供服务。认清这个现实，会甩掉一些不必要的心理包袱，让职场关系变得简单而富有活力。

三、习的商业化

商业化指的是产品或服务从创意到商品推向市场的过程。从现金流来看，商业化是知识和资源变现的过程和能力；从生产过程来看，商业化是原材料经过半成品、工业成品、货品、商品、消费品的过程。

产品形态在不同的阶段有不同的称呼，在材料商那里称为原材料、在工厂称为半成品和成品、在仓储环节称为货品、摆上柜台售卖称为商品、完成了销售过程称为消费品，这些不同的称呼反映了参与者在每个阶段的属性，即供应商、设计者、生产者、仓储者、销售者、消费者，个人以不同的角色参与其中。

商业化要落地，更需要企业全员的参与。企业在实施财务指标、经营计划管理和绩效管理，即全员预算管理的过程中，往往会遇到一些部门，特别是具体业务的实施部门的抵制甚至是反对，主要的原因有以下三个：一是组织不当，效率低下；二是各部门认识不足，做无用功；三是认为上枷锁，不自由。对于企业管理层来说，要通过运行有效的管理，教授员工向管理要业绩、向管理要品质的正确知识，才有可能经过反复的实践，培养企业向管理要业绩、向管理要品质的习惯，企业文化的内驱动力会驱使企业快马加鞭，商品化在能量持续地释放过程中，由量变完成能变，为下一步的质变做好万全的准备。

案例七

乔丹的职业化和商业化现象

在市场环境下，职业化的核心是"更快、更高、更强"，而不仅仅是统一服装和言行，职业化的目的是商业化，商业化的目标是可持续提供优质的产品和服务以满足人类生存和生活的各种需求，在参与经济循环和创造社会财富的过程中实现自我价值。

被众多球迷奉为"篮球之神"的迈克尔·乔丹，带领芝加哥公牛队夺取美国篮球职业联赛（NBA）两个三连冠，奠定了芝加哥公牛队在20世纪90年代的统治地位和王朝时代，同时作为体育用品商耐克公司的代言人，乔丹几乎尽一人之力用十几年的时间，把耐克这个默默无闻的品牌带到了行业的巅峰。球迷愿意花钱去看乔丹的比赛、愿意花钱去买乔丹代言的球鞋、愿意花钱去买用乔丹的名字命名的 Air Jordan（飞人乔丹）的产品，这是职业化的极致。NBA本身也是一个市场化程度极高的商业化联盟，有几百名职业球员，NBA把这些最好的球员召集在一起，通过有效的组织和运营，在使球员实现职业化的同时，也实现了商业化的最大价值。

1984年，迈克尔·乔丹以第三顺位通过选秀加入NBA，便以精湛的球技和飘逸的球风吸引了大批球迷，获得了年度最佳新秀，带队打入季后赛，并入选NBA第二阵容，可谓"出道即巅峰"。彼时NBA正在进行全球推广计划，乔丹与NBA的合力，迅速形成了全球范围的影响力，成为美国四大职业联盟最早实现国际影响力的商业赛事。乔丹在职业生涯的早期几乎收获了所有的个人荣誉，却在通往NBA总冠军的季后赛中多次折戟沉沙。1990年，助理教练菲尔·杰克逊成为公牛队的教练后，启用了"三角战术"，让乔丹减少持球单打，同时为了对抗连续两次在东部决赛中把公牛队淘汰掉的活塞队对乔丹在比赛中肌肉绞杀般的死亡防守，乔丹在1990年的夏天休赛期开始了增强肌肉力量的训练，终于在1991年的东部决赛中反杀上届冠军活塞队，冲进总决赛，并击败西部冠军湖人队，获得了NBA的第一个冠军，此后又连续两年夺得冠军，完成了神话般的三连冠。

1996—1998年，乔丹带领公牛队完成了史诗级的三连冠，造就了NBA乃至职业赛事的传奇，至此NBA实现了全球商业化的推广过程，而乔丹也实现了个人荣誉和球队荣誉的大满贯，除了获得6次总决赛冠军，还有6次总决赛最有价值球员（MVP），5次常规赛最有价值球员（MVP），3次全明星MVP，9次最佳防守一阵，10次得分王，3次抢断王，14次入选NBA全明星阵容，2次全明星扣篮大赛冠军，并入选奈史密斯篮球名人纪念堂。

在商业上，耐克与乔丹签署了终身合同，并与耐克合作Air Jordan的独立品牌。自1984年起，耐克每年为乔丹推出的新一代Air Jordan篮球鞋，成为篮球迷争相抢购的商品。耐克能够成为全球体育用品第一大品牌，Air Jordan的成功是关键因素。

乔丹改变了品牌商与运动员的合作模式，而乔丹鞋更改变了篮球鞋，让篮球鞋超越篮球运动本身，成为一种时尚。在乔丹退役后，Air Jordan仍持续推出新款商品，设计走向概念化、未来化，作为引领下一代篮球鞋设计的先驱。Air Jordan售价很高，超过了任何一款现役球员代言的篮球鞋，但仍然年年被抢购一空。事实上，Air Jordan的定位早已成为收藏品，拥有保值性甚至增值性，而非单纯的一双篮球鞋。

第三节 习久为性

一、习久为性

根据弗洛伊德的结论，性格中无意识部分的形成，童年时期原生家庭的环境和关系起到了决定性的作用，此为天性。性格一旦形成，便趋于稳定，但也并非一成不变，而是可变、可重塑的。例如，有些人在遭遇重大变故后性情大变，这种变化是被动的。而主动干预系统中的性格，强调的是主动地、有意识地、有目的地塑造对个人成长、对家庭关系、对社会能够产生积极意义和作用的性格，而这一切离不开所信、所知、所行、所习的辨别和积累，也是一个自我认识和自我反省的过程。

二、习的能变

性格的外在表现，从社会人的角度表现出的是性情；从工具人的角度表现出的是性能，是一种能力，是不局限于为人处事的方式方法，还包括处理复杂家庭关系和社会关系的能力，以及在个人专业领域范围内解决疑难杂症的能力。养成了学以致用的习惯，相应的能力必然会得到相应的提升，这在逻辑上是成立的，也是必然的，遇到问题时能建立正确应对机制并控制情绪，会成为个性中的本能反应，这就是习久为性。

职业化和商业化都是一种能变，是从量变到质变的必经过程。日积月累形成的习惯释放出储蓄的能量，令基因重组，形成"新记忆"，从而赋予基因新的记忆和能量，这是能变的过程，也是把新知识输入本能的过程。

企业要把商业化的坚持输入本能的基因，就要先养成向管理要业绩，向管理要品质的习惯，企业的经营会稳定于良性的循环之中，成为企业和员工的本能。这种本能，会提升企业的信誉度，从而拥有优质的品牌。品牌不仅可以计入无形资产进行估值，计入财务的资产报告，还能形成强大的光环效应和溢价能力，节省推广成本，迅速提升市场占有率和行业竞争力。

第四节　习的养成

一、习的不为

不同的习惯形成不同的性格。习惯始于行，行的存在状态又可以分为三种：为、不为或无为。为，即主动地做某事；不为，即主动地不做某事；无为，则是根据客观规律，而不是个人的意志和喜好去做某事或不做某事。无为需要大智慧，为或不为都要按照无为制定的原则和标准去做，是超脱于个人意志的存在，接近于唯结果论。

习惯于做某事和不习惯于做某事，对性格和能力的塑造是绝对不同的。生命的形态一直处于运动与变化中，如生老病死、吃喝拉撒、喜怒哀乐等，这些都是生命存在的状态。为或者不为，都是一种主动的选择，从生命的存在状态来说，放弃也是一种主动的不为。

二、习的重建

主动养成习惯，重构、重建、重塑性格，仅靠反省是不够的，要跳出自己的意志层，对自己进行全面的审视，然后再依靠意志，有意识地去培养习惯，进而生成新的性情，增进新的能力。假使无法改变旧习惯，那就从增加一个新的习惯开始。一个好习惯的养成，对一个人的性格和能力会产生难以置信的影响。

笔者少时家中贫困，负担不起两个人的学费，为生计所迫，弟弟14岁时辍学，上了矿山开矿采石。2003年，他离开家乡奔赴深圳与笔者相聚，谈及过往及未来，笔者说读书是一辈子的使命，不一定非要在学校。弟弟听进去了，在打工之余坚持看书，能找到什么书就看什么书。后来弟弟开店做生意，但无论多忙始终坚持读书的习惯，至今也有二十年了。读书所带来的改变让人惊叹，很难想象，一个初一还没有读完的人，现在不但开始写作，能够引经据典，还能背诵、默写一些经典书目，如《道德经》。弟弟将现在物质和精神上的富足，以及家庭的幸福生活，归因于历经苦难之后的福报，而笔者将其归因于坚持读书的习惯所生成的新的个性和能力。

习惯的养成，不一定设定宏大的目标，也不必消耗太多的时间和资源。从善小微行开始有意识地改变，既不用背负太多的包袱，又无需做太多的调整，乐为小善的习惯同样可以促使职业化和商业化的形成。

本章小结

有意识地、主动地养成好的习惯，即使是仅仅做一些微小的改变，对性格与能力的重建，也会产生天翻地覆的变化，看上去非常神奇。《道德经》说"大音希声，大象无形"，最美的声音就是没有声音，最美的形象就是没有形象，万籁俱寂和虚无缥缈是道家最极致的无为状态，也是自然的常态。细想之下，习惯本身就是日积月累的坚持，日积月累的坚持汇总起来的能量厚积薄发，就如同汇入大海的万千溪流，最终成就了波澜壮阔的宏伟。

第五章 显于性

性，为人之七格主动干预系统中的第五格，将其定义为个性，是指构成一个人对生活的独特、稳定的心理和行为特征的模式，主要包括兴趣、动机、价值观、自我概念、能力和情感模式。性包括作为社会人表现出的性格和作为工具人具备的性能，既非男女性别的意思，也非弗洛伊德在《梦的解析》中所提及的性原欲。个性，在主动干预系统发挥聚变的机制，通过支配、续力、释能、能变的过程产生聚变，从而形成自己稳定的性格、品质和能力。在职业化过程中，可以称之为职业素养；在企业商业化过程中，可以称之为品牌。

案例八

从 GE 公司的无边界组织到 IBM 公司的无边界企业

杰克·韦尔奇，美国企业家，1981—2001 年担任通用电气（General Electric，GE）第八任执行长期间将该公司市值提升到 4100 亿美元，有"中子弹杰克"（Neutron Jack）之称。韦尔奇担任通用电气执行长后，开始对公司进行组织再造，用核心业务圈、高科技业务圈和服务业务圈这"三个圈圈"区分出通用电气的留存事业，将其他表现欠佳的业务出售关闭，包括传统的家电业务。通用电气由最多时的上百个事业部缩减到不到 20 个。1996 年，韦尔奇积极推动实施"六西格玛"（6-Sigma）的品控措施，把 GE 产品的缺陷率降低到百万分之三点四。韦尔奇创新式地在 GE 发展无边界组织，力图打破工程、生产、营销及其他部门之间的围墙，实现信息自由流通和知识共享，建立全球业务的标准化，同时把外部的"围墙"推倒，让供应商和用户成为商业活动过程的组成部分；打破隐形的种族歧视和性别歧视，建立团队优先的企业文化。随着无边界组织的形成，GE 逐步转变为学习型组织，企业内原有的教育中心被改造为克顿维尔（Crotonville）管理学院，作为中高级管理人员及潜力骨干经理的培养基地。韦尔奇于 2001 年 9 月底退休，此时 GE 的营业额从韦尔奇上任前的 250 亿美元增长到 1400 亿美元，增幅超过 4 倍，利润从 15 亿美元增长到 127 亿美元，增福超过了 7 倍。①

2023 年，IBM 商业价值研究院敏锐地观察到了组织变革的发展

---

① 范毅宏.杰克·韦尔奇：决定企业未来的 10 个经营原则[J].全球商业经典，2018（11）：130-135.

和变化，无边界企业加速成为新一代的组织和运营模式。技术正在改变全球企业的业务模式，创造新的增长机遇，并且建立全新的成本和效率基准。有了大规模应用 AI、自动化、区块链、物联网、5G、云计算和量子计算的能力，使认知型企业的愿景成为现实。将这场技术革命放到日益虚拟化的世界大背景中可以发现，生态系统、数字化工作流程和网络化组织发挥出了越来越大的威力。无边界企业逐渐兴起，在一根价值"金线"的支持下，企业焕发出新的活力，生态系统的参与者也紧密地联系在一起。[1]

无边界企业的构成要素包括：①开创性的平台战略与生态系统；②科学和数据主导的创新；③扩展的智能化工作流程；④可持续发展与社会影响；⑤包容性的人技偕行；⑥开放安全的混合云与网络。

无边界企业的核心行动指南为：①拥抱：在战略意图和业务平台设计中拥抱生态系统机遇，加速数字化转型；②创新：采用由科学和数据主导的方法开展创新，推动在各个工作流程、平台和生态系统中不断取得进展；③扩展：扩展智能化工作流程，形成以技术为基础的业务转型的差异化"金线"；④解决：企业战略和落地效果步调一致，解决目前最大的挑战，实现可持续发展目标，同时培养团队的使命感和敬业度；⑤赋能：赋能虚拟员工队伍，使核心的智能化工作流程更加丰富，并通过不断试验来改善客户和员工的体验；⑥加速：加速复杂的变革计划，通过混合云和网络，发展平台、生态系统和扩展的工作流程。

无论是无边界组织还是无边界企业，其最核心的哲学观是共享与

---

[1] IBM 商业价值研究院. 开放安全的混合云与网络是必由之路[J]. 软件和集成电路，2022（4）：41-46.

> 自由。根据结构的稳定性原则，一旦形成了稳定的结构，结构就会产生一定的稳固性，无边界企业努力打破结构的稳定性来实现知识的共享和自由流动，实现企业内部之间、企业与外部供应商、客户和其他市场参与者的共赢，这种无边界组织的建立，需要打通内外业务链和行业生态链，一旦建成可以应对各种商业生态和复杂市场环境的框架，就能形成一种自由有序的自适应系统。

第一节　性之差异

一、性之和同

法律面前人人平等，这是相对于人的权利和义务来说的，但平等不代表相同。《论语》中："君子和而不同，小人同而不和。"何晏[1]在《论语集解》中对这句话的解释是："君子心和然其所见各异，故曰不同；小人所嗜好者同，然各争利，故曰不和。"而申居郧[2]在《西岩赘语》中说"君子论是非，小人计利害。"

人与人之间不仅仅存在着对是非利害的态度不同，还有个性和能力上的差异。每个人所处的环境不同，因此思维方式、言行举止、习性脾气也不相同。或内向或外向，或感性或理性，或果敢或怯弱，或谦逊或骄傲，这些不同的性格特征和外在表现并不能完整描述和定义一个人的

---

[1] 何晏，字平叔，南阳郡宛县（今河南南阳）人，东汉末年大将军何进之孙，曹操之婿，魏晋玄学贵无派创始人，与王弼并称"王何"，玄学代表人物之一。

[2] 申居郧，字锡勋，清代学者，著有《西岩赘语》等。

个性，人的个性在不同的场景和关系中是动态变化的。例如，一个平时非常内向的人，到了舞台上可能热情奔放；一个面对面沟通能力差的人，在网络世界里可能非常活跃；一个生活中非常理性的人，在工作中可能表现得非常感性；等等。所谓"性格缺陷"一词，更像是人们臆造的用于歧视或攻击他人的武器，并没有实际的根据，只是因为人们更善于用眼睛去观察和评判他人，而不善于用思考去批评和反省自己。

二、性之独立

人是独立的个体，拥有独立的个性，个性的彰显是有界限的，这个界限以自己的"领地"为限，界限就是不侵犯他人的"私人领地"，包括他人的物质领地、精神领地。

三、性与人设

"人设"一词，源自漫画和动画设计，指的是人物设定、角色设定，是策划师和设计师赋予故事中各个角色与情节相符的外貌特征和个性特点。现在人设的使用已经不局限于漫画、动画或电影等虚拟的角色，而被广泛使用于日常生活及企业管理中。

员工在职业生涯发展的过程中，通过有意识地学习和累积，建立维护与企业文化相符合的人设，不仅有利于在部门和企业中的发展，也会形成在行业和市场中的"人设"，成为职场中被各家公司热抢的明星。高端人设建立在优秀的履历、卓越的业绩和超群的能力基础上，夯实人设的基础至关重要，一切都要从点滴做起，通过主动干预系统去实现。

四、性与品牌

在企业经营中，品牌形象往往就是企业的"人设"。品牌管理已经是企业经营和市场营销的重要内容，被经营管理者接受和认同，自1931年宝洁公司的尼尔·麦克尔罗伊提出品牌经理制以来，品牌日益成为提升企业竞争力的主要因素，实业界的操作需求也带来了品牌管理理论研究的繁荣。西方品牌理论研究大致经历了以下五个阶段。

（1）研究阶段。这一阶段主要对品牌的内涵和外延（如品牌定义、品牌命名、品牌标识、商标等）作出了规范，自此品牌研究成为营销理论研究的热点领域。

（2）战略阶段。这一阶段开始将品牌经营提升到战略的高度，从品牌塑造的角度提出了许多战略性的品牌理论，如品牌形象论、品牌定位论、品牌延伸研究系列等。

（3）资产阶段。20世纪80年代以来频频发生的品牌并购案、价格战使企业更加重视品牌的市值和增值，从而带动了品牌资产理论研究热潮。

（4）市场品牌力和消费者的概念模型阶段。即把品牌资产从财务资产的角度，扩展到市场和消费者层级进行研究。

（5）品牌关系阶段，即品牌与消费者关系作为品牌研究的主要内容。[①]

品牌的差异性能使企业从激烈的市场竞争中脱颖而出，从而提高市场影响力和市场占有率。例如，在笔记本业务出售给联想之前，国际商用机器公司（IBM）作为传统老牌个人电脑"领头羊"企业，品牌形象则以稳定和高品质示人，IBM"小红帽"笔记本电脑曾一度是网络设备公司创业初期进行公关的首选礼品。苹果公司向来以引领市场和消费者体验的创新为己任，而并非一味地依靠消费者的需求去引导经营行为，创新的前提是以客户的体验作为取舍的标准。比如由第一代iPhone引发的手机行业革命至今，各大厂商智能手机手势操作完全替代了硬键盘，不仅通过软件版本的更新，大大提升了操作系统、应用App、使用

---

① 卢泰宏，周志民. 基于品牌关系的品牌理论：研究模型及展望［J］. 商业经济与管理2003（2）：4-9.

功能的扩展性和全触屏的灵敏体验感，也极大限度地延长了手机的使用寿命。

第二节　性之魅力

一、性的内核

能力是人格的内核，性格是人格的外在，性格与人格，在英文中均翻译为Personality。当提及一个人有人格魅力时，自然会想到这个人的性格和行事风格，必然有其迷人的独特之处，或平易近人或幽默风趣。每个人都喜欢接近有人格魅力的人，因为他们往往会让人感到轻松愉悦，不会有距离感。

具备人格魅力的人，在能力上也往往有过人之处。电影中的超级英雄之所以吸引人，除了独特的性格特征，他们还有各种各样的超能力。观众的心理投射，自然会把自己带入超级英雄的角色中，幻想自己也拥有超级能力，也能去拯救人类。

> **案例九**
>
> **镜像投射法调节自我认知**
>
> 笔者在培训中多次使用的一个案例，是让学员们思考并写下"希望新公司的新同事是什么样的人"，然后再轮流说出来，笔者将学员们对新同事的期望写在白板上。这个案例，经过多次的验证，在事先

> 并无讨论的情况下，学员们潜意识里对新同事的期望出现了惊人的一致，大多是"优秀""有能力""乐于助人""有责任心""团结""专业强"等与素质有关的褒义词，偶尔出现"英俊潇洒""美丽大方"等与形象相关的词语，但从来没有出现过贬义的描述。学员的答案既是对新同事的期望，也是公司对员工的期望，实际上也是对自己的期望。

二、性的魅力

人格的魅力，不仅来自性情的迷人，也来自对优秀和卓越的追求。性情与能力是人格的两个面，性情的迷人与能力的超群，构成了一个散发着魅力的角色形象，投射在每个人的心中，就是对自己的期望。

三、性的品质

企业品牌价值有用户价值和自我价值两部分，用户价值包括品牌的功能、质量和价值，而自我价值包括知名度、美誉度、忠诚度。可口可乐前总裁道格拉斯·达夫特有句名言："如果可口可乐在世界各地的厂房被一把大火烧光，只要可口可乐的品牌还在，它会在一夜之间让所有的厂房在废墟上拔地而起。"可见品牌自身的功能和价值，消费者对品牌的忠诚和迷恋，本质上也是品牌形象和价值在其内心的投射。

企业都希望能为客户提供优质的产品和服务，产品的缺陷和服务的不足，往往是由管理上的漏洞造成的，如经营不善、管理失当、盲目扩张、成本失控、造假售假、偷税漏税等。成功的品牌，不是靠运气就能实现的，而是需要长久的累积，才能完成价值的赋能。品牌的魅力，是真知实干在岁月的沉淀和磨砺中生成的。

第三节　性之魔力

一、性与命运

"性格决定命运"这句惊世之语,可追溯到古希腊的哲学家,古今中外多个知名人士也都说过类似的话,这句话已经被公认为现代心理学的经典论断。

瑞士著名心理学家荣格关于人格的观点,主要集中于人格整体论、人格动力说、人格类型说和人格发展论四个部分。人格整体论提出完整的人格是由意识、个体潜意识和集体潜意识构成的。人格动力说认为人格动力推动人格的发展,心理能量是人格的动力,心理能量系统遵循能量守恒的原则。人格类型说将态度分为内倾和外倾两种,心理功能分为思维、情感、感觉、直觉,共构成了八种心理类型。人格发展论认为人格在后半生能由未来的希望引导而塑造和改变,心理发展的最终目标是个性化。

仿佛性格自带神奇的魔力,一个人的命运如果是由性格决定,那改变性格,就能改变命运,那么性格是否可以改变呢?荣格认为,人格在后半生由未来的希望引导而塑造和改变,但如何塑造和改变,并没有给出具体的答案。

二、性与潜能

在人之七格主动干预系统中,生命是一个运动变化的过程,天赋和被动的成分居多,受意识可控的部分极少。而一旦这微不足道的意识觉醒，想按照自己的想法主动安排自己的生活和未来，就能主动形成正确认知、坚守信念、持续行动、积行成习、积习成性。想要成就什么样的性情和能力，就要培养什么样的习惯，当与性情能力相匹配的机会和变化出现时，才能顺应变化抓住机会。

顾名思义，潜能指的是潜在的能力，与显在的能力相对应，潜能是尚未发掘和发挥的能力，而显能则是已经形成的正在发挥的可以被认知的能力，潜能是一种尚未显现和外化的能力，而显能是已经外化的潜能，即通常所讲的能力。能力只是潜在能力外化的极小部分，大多数人所运用的能力只有10%，尚有90%的潜能没有发挥。美国人类潜能研究专家伊斯雷尔·谢弗勒[①]在《人类潜在能力的新启示》一文中指出："一个人所发挥出来的能力只占他全部能力的4%。我们估计的数字之所以越来越低，是因为人所具备潜能及其源泉之强大。根据目前的发现，远远超过了我们10年，乃至5年前的估测。"控制论奠基人之一的诺伯特·维纳[②]说："可以完全自信地说，每个人，即使是那些做出了辉煌创造的人，在一生中利用的大脑潜力都不到十分之一。"美国心理学家陆哥和赫胥勒在合著的《生活心理学》中说："编撰20世纪人类历史的时候，可以这样写：我们最大的悲剧不是恐怖、地震、连年的战争，甚至不是原子弹投入日本广岛，而是千千万万的人们生活着，然后死去，却从未意识到存在于他们自身的人类未开发的巨大潜力。如此众多的现代人，其生活中心竟只是生活的安全、食物的充足，以及电视和卡通片的感官刺激。我等芸芸众生都不知道自己究竟是什么人，或可以成为什么人；如此众多的吾辈未经历足月的心理和社会诞生，却已经衰老死去。"

潜能与能力犹如潜意识与意识的关系，是相对应的，如果没有经过

---

① 伊斯雷尔·谢弗勒（Israel Scheffler），美国哲学和教育哲学家，是美国分析教育哲学的倡导者和代表人物之一。

② 诺伯特·维纳（Norbert Wiener），美国应用数学家，在电子工程方面贡献良多。他是随机过程和噪声信号处理的先驱，提出了"控制论"一词。

相应的学习和练习，潜能很难被激活和启动，无法发挥其不可预估的功能。人的一部分基础能力来自感官、肢体等的功能，如记忆力、视觉能力、听觉能力等，这些先天生成的能力对于每个个体而言几乎都是相同的，差异最大的是后天习得的能力，特别是与创造力密切相关的观察力、概括力、运算力等。后天习得的能力，也会因为一些特殊的原因，发展为与众不同的专业能力，如在音乐、绘画、运动等方面取得优异的成绩。这些特殊的原因可能是天赋基因的独特性，可能是受成长环境的熏染，可能是坚持不懈的投入等。正是这些后天习得的能力，让人们能够有机会成为自己希望的样子。

研究显示，大脑左右半球的功能优势不同，大脑左侧半球占优势的是语言、概念、数字、分析、逻辑推理等功能，大脑右侧半球占优势的是音乐、绘画、空间几何、想象、综合、幻想等功能及其他类似活动。大脑左右半球合作时，大脑的总能力和效应就大大加强，产生了大脑的"协同乘数效应"。人有140亿～160亿个脑细胞，本来就具有巨大的潜能，大脑的"协同乘数效应"大大增大了潜能的能量，这是巨大潜能的物质基础和能量来源。

案例十

我们如何学习

我们如何学习？为什么有的人学习比其他人容易？在科学家们的人类生理学和人性的探索中，大脑研究是一大先锋。医学院物理治疗系教授劳拉·博伊德[1]研究表明，人类对于大脑的了解正在快速地改

---

[1] 劳拉·博伊德，教授，不列颠哥伦比亚大学的神经科学家和物理治疗师。曾担任加拿大研究主席、迈克尔·史密斯健康基金会职业科学家。劳拉·博伊德领导不列颠哥伦比亚大学的大脑行为实验室。她的TEDx演讲"在这之后，你的大脑将不再相同"的浏览量超过了2500万次。劳拉·博伊德是使用磁共振成像和非侵入性脑刺激等技术绘制行为、环境和经验如何影响大脑健康和学习的专家。迄今为止，这项工作在很大程度上研究了运动和学习对神经生物学的影响。2020年，作为华尔街的学者，她将注意力转向了发展对艺术、对大脑健康重要性的理解。

变，很多以前被认为是正确的知识，被证明是错误的或不完全的，有一些误解比其他的还要明显，如以前认为儿童期之后，大脑无法再改变，没有比这个错得更离谱的事。还有一个误会，是认为每一刻只会使用部分的大脑，当什么都不做的时候，大脑是静止的，这也是错误的。就算在休息，什么都不想的时候，大脑也处于高度活动状态。核磁造影等科技的发展，使上述误解有机会被发现。

在探索的过程中，最令人兴奋的变革性发现是，当学习新的事物或技能时，大脑就会发生改变，这被称为神经可塑性。20多年前，科学家认为青少年时期后大脑的改变都是负面的，如随着老化的脑细胞死亡、受伤或脑出血疾病造成的脑细胞的损伤不可修复。新的研究指出，成人的大脑会大量重整，所有的行为都会改变人类的大脑。这些改变并不受年龄限制，随时都在发生，最重要的是，大脑重整可以帮助脑部受伤之后的复原，神经可塑性是这些改变的关键，大脑用以下三种基本方法来帮助复原和学习。

一是化学上的改变。实际上，大脑的运作方式是在被称为神经元的脑细胞之间传送化学信号，这会引起许多的反应与作用，为了帮助学习，大脑可以增加神经元之间的化学信号浓度。这些改变可能非常快速，因而有助于短期记忆或短暂的改善运动技能。

二是结构上的改变。在学习的过程中，脑细胞之间的连接发生改变，大脑结构在改变，这些改变跟长期记忆有关，与长期运动技能的进步有关。这些过程是相互影响的。例如，在学习弹钢琴或者耍杂技这些新技能的过程中，好像是越来越好，想着是学会了，但说不定隔天，所有前一天习到的进步都消失了。发生了什么事？在短时间内，大脑能够增加神经元之间的化学信号，但是由于某些原因，这些改变并未导致构造上的改变来支持长期记忆。长期记忆是需要花时间的，短时间内达成的不是持久的学习成果。必须是构造上的改变才能支持长期记忆，化学上的改变，只能支持短期记忆。构造上的改变，让脑部不同区块有更好的连接来完成学习功能，也能让大脑对应某些特别重要的区块改变构造或是变大。例如，使用盲人点字法的人，大脑内手的触感区块比不使用点字法的人大。主侧脑中控制手部运动的区域（如果是右撇子，它就在左脑）会比另一边大。研究又指出，伦敦的汽车司机为了拿执照而背过伦敦地图，他们的脑中负责空间与地图记忆的区域比较大。

三是功能上的改变。当经常使用脑中的某个区域时，它会变得更容易启动，而且更好用。当某些区域提升了被启动的容易度时，大脑就会改变这些区域，使得何时与如何被启动变得更方便和容易。

研究发现，大脑网络持续在重整与改变。脑神经的可塑性是靠化学上、结构上与功能上的改变来支持的，它可以个别发生，但大部分是整体一起行动，一起帮助人类学习，而且时时刻刻都在发生。脑神经有可塑性，那么为什么学习仍然这么困难？为什么有些小孩在学校表现不好？为什么人在老年时会容易健忘？为什么大脑受伤后不能完全复原？换句话说是什么在减缓或促成脑神经的可塑性。劳拉·博伊德博士是研究脑神经可塑性与脑出血后复原状况的专家，她发现脑出血从美国第三大死因降到了第四大死因，但是患脑出血的人数并没有减少，只是现代医学更能提高严重脑出血患者的存活率，但要让出现脑出血的大脑复原是相当不容易的，现代医学也没有找到创造性的、有效的复健方案。因此，脑出血是造成成人长期身体障碍的一大原因。

大脑中枢神经塑形变化的最佳驱动力是行为，问题在于学习新的运动技能和重新学习旧的运动技能需要大量的行动和练习，有效地实施这些行动困难且昂贵。劳拉·博伊德希望能够找出可以帮助大脑学习的治疗方案，这些治疗方案包括刺激脑部、运动与机械技术，但脑

主动干预系统：职业化的基因密码

> 出血后复原的治疗法所遇到的瓶颈在于大脑的可塑性因人而异。脑出血的复原存在众多变数，因此，医疗上的研究都朝着减少变数的方向来进行。但是研究中最重要、最有帮助的数据，都是能显示可变性的数据。劳拉·博伊德博士关于脑出血后的大脑复原的研究收获颇丰，而且给其他领域的探索提供了珍贵的资料。
>
> 资料来源：根据劳拉·博伊德演讲视频资料整理。

让脑部改变的重要因素是行为，因为没有可塑脑神经的有效药，没有比练习更能帮助学习的方法了，而且最重要的是必须下苦功。研究指出，越困难的学习，越可能有更大的效果，以及更能改变脑部的构造。需要注意的问题是，脑神经的可塑性是双向的，可以是正面的，也可以是负面的，它的构造和功能会随着我们的所作所为而改变，但也会随着我们什么都不做而改变。

同样的学习效果，需要的学习时间和方法因人而异。有些人学一个新的运动技能，可能需要1万个小时，有些人需要更多的时间，而有些人则少得多。所以，大脑重塑是极为独特的工作。没有一个治疗方案适用所有的人。这个发现迫使劳拉·博伊德博士考虑用个人化的治疗方法。想要达到最好的治疗成果，每个病人需要一套自己的方法。这个想法来自对癌症的治疗，有什么样的基因，就有什么样的化疗。脑出血的复原也是一样的道理，脑内有一些特殊的构造与功能，被叫做生物标记，生物标记能够有效地将适当的治疗匹配给适合它的病人。实验数据指出了许多不同生物标记的组合，可以预测脑出血后脑神经可塑性的改变及复原状况。脑出血后的脑神经再塑适用于每个人，每一天选择的行为都很重要，每一项都在改变大脑。

神经可塑性的发现，不只适用于脑出血后的复原，对家长、老师、经理等都有用处。研究如何学及最擅长学什么，重复对大脑有利的行为，停止不好的行为和习惯非常重要,而坚持练习对大脑的重塑最重要。适合的学习方法因人而异,甚至在同一个人身上也会不同,所以对于某个人来说学习音乐可能很简单,但是学习滑雪却很难。在同样的教育系统下有些孩子相当成功,有些则不成功;有些人学语言轻松愉快,有些人什么运动都能得心应手。理解到大脑是如此的神奇,可塑的大脑随时受到周遭世界的影响,所做的每一件事情、经历的每一件事情都在改变大脑,当我们读完这段文字,大脑都会发生变化,但是变化却是不一样的。既可以变好,也可以变坏,每个人都可以拥有自己想要的大脑。

在消费类市场竞争中,品牌同样具有神奇的魔法,而这种魔法的本质,是消费者体验产品和服务所产生的愉悦感甚至惊艳感是远超消费者预期的与众不同的体验。员工的职业生涯要经历"适应、胜任、超越、优秀、卓越"的过程,以实现职业价值的最大化,企业同样也要在市场中经历超越同行的阶段,成为行业中的优秀者,不停地追逐卓越,方有可能形成品牌。

本章小结

弗洛伊德认为,性原欲是驱动人格形成的主要因素,而荣格更倾向于精神导向是人格形成和发展的动力。在人之七格主动干预系统中,可简单理解为性格的生成是被动的,但是可以通过后天的行为依靠人的意志进行重塑,有目的地主动养成的性格,让主动应对变化成为一种本能,从而遵循和顺应了变化规律,完成荣格所说的"自我实现",即实现了价值与人设、物质与精神的统一。

第六章 变于运

运，在人之七格主动干预系统中的定义为由知识支配的行为养成习惯后的应变能力，当面临挑战或危机时，主动应变所产生的机遇、变化和变革，区别于运气、气数和命运。运格，在主动干预系统中发挥着再生的机制，在职业发展过程中为革新求变，在企业经营中为创新力。

第一节　运之本意

一、运为变革

《诗经·大雅·文王》开篇云："文王在上，于昭于天。周虽旧邦，其命维新。"意思是周文王禀受天命，昭示天下，周朝虽然有着久远的历史，但其使命在于保持革新创新。商汤时期的盘铭记载："苟日新，日日新，又日新"①。古人的智慧早就揭示了命与运之间的关系，即要承担使命，革新求变。

运，本意为运行、运动、变化，在主动干预系统中的运，更接近其本意，通过意识的觉醒和主动的行动，将人的境遇、遭遇、经历进行优化、改变、运转，从而达成使命，实现自我。这句话可以理解为"当努力成为习惯，机遇自然会留给有准备的人"。

二、运与变异

学术界公认人类有 5000 年的文明史，是因为有文字记载的可溯源、可查证的文明史，正是从文字诞生开始的。文字诞生之前，人类一定已经形成了稳定的语言功能和语言系统，形成时间虽暂不可考，但可以想象到，那些把楔形文字刻在黑色玄武岩上的工匠们，肯定可以熟练使用稳定发音的语言，把他们的文明用凿子一下一下地倾诉给几千年后的人

---

① 《礼记·大学》第三章。

听。为什么只有智人发展成为现代人，而其他人种先祖均遭灭绝，考古学家解剖发现，智人的脑容量约 1400 毫升，其他人种有比智人的脑容量更大的，比如尼安德特人的脑容量约达到 1700 毫升，但只有智人进化为现代人，因为智人的脑容量中负责智力的容量比其他人种都大。而基因学发现，现代人类的基因差异性为 0.1%～10%。无论是 Foxp2 基因（控制语言能力发展的基因）突变形成的语言功能，还是文字的创造，智人在优胜劣汰的进化中脱颖而出，关键的少数在发挥着重要的作用。人之七格主动干预系统也是通过信、知、行、习、性的实践，养成一个简单的好习惯，这个简单的好习惯成为关键的少数，让性情与能力发生基因突变，实现运的转换，实现主动求变，达成自我实现的使命，不再是一味地被动接受，安分认命。

现代人遗传了几百万年的古老基因对人类生活的支配无处不在，比如杂食的习性，对领地的本能占据形成了国家和边界，为了获得进食优先权和交配优先权而产生的权力垄断，为争夺领地和资源不断爆发冲突与战争，等等。而文明的传承和教化，遏制了几百万年来古老基因生成的动物性本能，也让人类开始摆脱听天由命、茹毛饮血的生活，由稀散的古老部落族群繁衍生息至今，并创造了灿烂的历史文明。遗传与变异是进化史永恒的主题（见图 6-1），变化运转生生不息，也会持续进行，直至生命的神迹在已知的时空中灭绝。

文明是意识与知识的总和，现代社会早已摆脱了愚昧与野蛮，物质资源虽然极大丰富，但社会分配机制仍然是通过竞争的方式，优先奖励那些为社会创造物质财富和精神财富的人，知识与能力成为文明社会大舞台的主角和偶像。社会人的性情属性决定了社交能力，工具人的性能属性决定了工作能力，而社交能力和工作能力决定了个人在社会竞争中的存在与发展。那些善于养成学习习惯，持续累积和更新自己的知识，不断提升社交和工作能力的人，在社会竞争中，会分得头杯羹、抢得头彩。

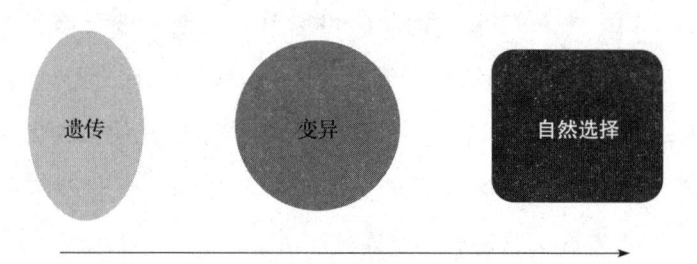

图 6-1　遗传 + 变异 + 自然选择 = 新物种

三、运与革新

人的一生也存在着生、长、盛、衰、亡的周期，这个周期有内在的规律且并非所有的变化都与人的预期相符，必然会偶发一些重大变故，打破规律的支配。无论是所处的环境，如自然环境、社会环境、家庭环境、工作环境，还是个人的生老病死、衣食住行、喜怒哀乐，每时每刻都在发生着变化。有些人一生顺风顺水，幸福满足地过完一生，而更多的人，需要面对生活的种种考验和社会的无情锤打，主动建立应对各种艰难困苦的心理准备、情绪准备和能力准备，这也是人之七格主动干预系统自我实现之外的应变避险的使命。

四、运与创新

"运"在企业管理中的应用，其本质为创新。创新是企业的灵魂，也是企业以变应变的根本。互联网经济验证了摩尔定律的现实性和支配性，市场的各种变化也是有规律可循的。大数据时代的到来与摩尔预测的芯片处理性能的发展趋势完全相符。摩尔定律揭示了计算能力相对于时间周期将呈指数式的上升，量变产生能变，能变产生质变的逻辑，将在企业的创新和市场的变化两端同时发生支配作用，只有企业的创新能够适应市场变化的企业才能成为行业的塔尖。

创新管理（IM）最早于20世纪30年代由奥地利经济学家约瑟夫·熊彼特[①]在《经济发展理论》中提出，他认为创新是经济增长的重要因素。"创新管理以组织结构和体制上的创新，确保整个组织采用新技术、新设备、新物质、新方法成为可能，通过决策、计划、指挥、组织、激励、控制等管理职能活动和组合，为社会提供新产品和服务。管理的创新是社会组织为达到科技进步的目的，适应外部环境和内部条件的发展变化而实施的管理活动"。[②]创新特指主动地去适应变化而进行革新的行动，也有迫于技术进步与形势变化而被动进行的革新，只要环境在变，创新就如同变异一样，不管是主动还是被动，都会进行下去，除非消亡。

熊彼特认为的创新就是建立一种新的生产函数，即把一种前所未有的关于生产要素和生产条件的"新组合"引入生产体系。这种新组合包括五种不同的情况。

（1）新产品或产品的新特征。

（2）新的生产方法。

（3）开辟新市场。

（4）掠取或控制原材料或半制成品的新的供应来源。

（5）新组织。

因此创新不仅是管理概念、技术概念，更是经济概念，与技术发明、发展专利等有显著的不同，通过创新，把现成的技术革新引入经济组织，从而形成新的经济能力。[③]

相比于技术的日新月异，创新理论从首次提出至今已有近百年的历

---

① 约瑟夫·熊彼特（Joseph Schumpeter），一位有深远影响的奥地利政治经济学家。在经济学领域中，他使"创造性破坏"一词人人皆知。

② 赵顺龙，马硕. 创新管理学学科前沿研究报告（2013）[M]. 北京：经济管理出版社，2017.

③ 王永盛. 写作能力结构分析 [J]. 济南大学学报（综合版）. 1991（4）：47-52.

史，却不像其他管理学、经济学的内容，有持续的重量级的发现和更新，主要是熊彼特对工业时代创新理论的组合特点进行了预见性的总结。进入信息时代，创新2.0理论的发展已经起步，但是否能够出现新的理论还要拭目以待。

拆解一组合是实现创新的必经步骤。无论是全员预算管理还是品牌管理，都需要把涉及的要素进行精细拆解，并重新组合，再以与拆解前不同的结构状态重新呈现出来，这也是一个重塑重建的过程。创新并非无中生有的戏法，而是有迹可循的技术。

第二节 运之概率

一、运之偶然

运是在社会活动规律支配之下发生变化的概率事件，与自然规律有所区别，但社会规律的运行，也要符合自然规律。日升而作，日落而息，就是人类社会活动形成的规律与自然规律相契合的例子。社会规律不变是相对的，变化是绝对的，每个人都受规律所支配，规律不能被打破，但可以主动去适应，当社会规律发生改变时，人也要有适应规律变化的能力。

二、运的规律

规律不是单一的，而是可以多选的。天下大势，合久必分，分久必合；多行不义必自毙；行善积德；人在河边走哪有不湿鞋等都阐述了一定的社会规律。发现和运用社会规律的方法，一般总结为学习与经历，通过学习和经历的实践，可以逆转被规律支配的被动，做到主动适应规律的变化。主动适应规律与被动受规律支配相比，是参透了社会规律变动的本质和原理后的能动性的作为。例如，人在河边走，哪有不湿鞋？鞋被打湿，因为鞋是布鞋，布鞋被河水打湿的概率当然大，所以常年在河边作业的人，一般都会换上防湿防滑的水靴，用主动的作为去适应生活，从而解决了河水湿鞋带来的不便。当把学习当成习惯，性情的变化和能力的提升便成为大概率事件，成功的概率自然也就会大一些，相应地，所谓的运也就实现了改变，这就是所谓的"转运"。

三、运的概率

人的出生，本身就是小概率事件。企业创新的成功率往往也是小概率事件，特别是依赖于市场的上升期迅速成长发展壮大的企业，对未来总是抱有乐观的期望，往往容易昙花一现，企业经营者必须有充足的心理准备，在趁势扩张的同时加强内部的管理，形成自己独特的竞争力。

熊彼特的创新理论，成为经济学理论的重要内容。经济发展理论、经济周期理论、经济增长理论、制度分析、经济创新理论及经济成长阶段论，都不同程度地受到了熊彼特创新理论和经济思想的影响。熊彼特被奉为创新理论的掌门人，他认为，"创新就是生产函数的变动"，是"执行新的组合"，是经济生活内部蕴含的质的自发性突破。熊彼特以创造性毁灭的过程来说明经济的发展，指出经济发展过程是一个创造性的毁灭过程，其根本动力来源于创新。[①]

[①] 赵文强.《经济发展理论》的启示［J］.当代经济，2017，2（1）：115-117.

案例十一

TRIZ 理论在三星电子的应用

韩国三星公司于 1997 年开始应用 TRIZ 理论，到 2003 年的近 7 年时间里，取得了前所未有的创新成果，这种创新模式，被称为"专家辅助创新"。

TRIZ 理论是由苏联发明家根里奇·阿奇舒勒创立的，他从 1946 年开始领导数十家研究机构、大学、企业组成了 TRIZ 研究团队，通过对世界高水平发明专利（累计 250 万件）的几十年分析研究，提出了有关发明问题的基本理论。TRIZ 是包括由解决技术问题、实现创新开发的各种方法到算法组成的综合理论体系总论（基本规则、矛盾分析理论、发明的等级），是为了系统性解决发明创新的问题，具体包括：①技术进化论；②解决技术问题的 39 个通用工程参数及 40 个发明方法；③物场分析与转换原理及 76 个标准解法；④发明问题的解题程序（算子）；⑤物理效应库。

39 个通用工程参数包括：移动物体的重量、静止物体的重量、移动物体的长度、静止物体的长度、移动物体的面积、静止物体的面积、移动物体的体积、静止物体的体积、速度、力、张力/压力、形状、物体的稳定性、强度、移动物体的持久性、静止物体的持久性、温度、亮度、移动物体用的能源、非移动物体用的能源、功率、能源的浪费、物质的浪费、信息的流失、时间的浪费、物质的总量、可靠性、测量的准度、制造的准度、作用于物体的有害因素、有害的副作用、制造性、使用的便利性、修复性、适应性、设备的复杂性、控制的复杂性、自动化程度、产能/生产力。

40 个发明方法为：分割、分离、局部品质、非对称性、合并、多功能、巢状结构、反重力、预先的反作用、预先作用、事先预防、等位能、逆转、曲度、动态性、不足或过多的作用、转变至新的空间、机械振动、周期性动作、连续的有用动作、快速作用、将有害变成有益、回馈、中介物、自助、复制、抛弃式、机械系统替代、使用气体或液体、弹性壳和薄膜、多孔材料、颜色改变、同质性、丢弃与复原、参数改变、相转变、热膨胀、使用强氧化剂、钝性环境、复合材料。

在20世纪80年代中期之前，TRIZ理论属于苏联的国家机密，后来随着一批苏联科学家移居西方国家，该理论逐渐为世界所了解、学习、应用。现在TRIZ理论和方法在实践中成为企业开发新产品最重要的工程管理激素，帮助完成了许多重大的发明，已在全世界广泛应用，获得了重大的经济效益和社会效益，成为推动科技进步和技术发展非常重要的工具之一。

资料来源：本案例根据网络公开资料汇总。

第三节　运的变数

一、运的宿命

根据命理学的定义，命为宿命，是定数；而运为运气，为变数。无论变数如何变，宿命已定，多做无益，只能顺命应运。宿命论让人与世无争，得到情感上的慰藉，摆脱烦恼和压力，进入一种无谓的心理状态，以做减法的方式，求得平和与安宁。做减法本身也是一种主动的行，需要付出极大的心力和更多的不为。

二、运的主动

主动干预系统既是一个主动的行为，也是做加法的行为，是入世的乐行，而不是出世的苦行。通过意识的觉醒，快乐地培养关键的少数的好习惯，提升自己的认知和机能，主动适应规律的变化，从而达到预期的目标。人之七格的运在情绪的需求上只需要一种，那就是喜乐。这种喜乐，建立在意识的觉醒基础之上，是认知的理性触发，是对潜意识的挖掘，不同于佛家的顿悟和渐悟，顿悟和渐悟是一个不可言明的过程，而意识的觉醒，则是一个受规律支配的、认识潜意识功能的过程。

三、运的变数

运的变数指的是从量变、能变，再到质变的过程，包括"信、知、行、习、性"五个因子的运动变化，这五因子的持续量变，累积到一定程度的能变所引发的运的质变，完成了求新求变的再生过程。

对财经知识的学习和实践，累积了足够的技能，可以提高自身财务的管理能力，遇到合适的机会，就有可能实现理想中的财务自由，这是主动干预系统转运的逻辑。而宿命论在财务上的转运逻辑，是通过买彩票的方式，中大奖就是天生富贵，不中就是注定不该发财。两者虽然都是概率事件，但前者的概率要远远大于后者。

不是所有的创新都能实现预期，被市场淘汰前拥有大把专利技术的企业比比皆是，创新成果的商业化是关键，即能否对财务报告各项数据的优化有帮助，如增加营业收入、降低成本、节省费用。进入信息时代，互联网经济下的大数据和云服务加持，交易效率的大幅提升也会加速倒逼经营决策、技术迭代和产品更新等周期的大幅缩减，创新2.0的本质是变异的提速，企业的生死存亡就在一瞬间。

本章小结

求新求变的目的是更好地完成自己的使命,每个人都有自己的使命,只是有的人没有完成。世界上一些引人瞩目的壮举,往往都是由一些不起眼的小人物实现的。在弗洛伊德的理论中,人格是由本我、自我和超我组成,本我是动物性的,自我是人性的,超我则是社会性的。本我由本能决定,而自我由意识决定,超我则由使命决定。

创新理论的发展如同生物进化一样缓慢,但诸多创新工具的使用,也推动了创新理论的进化,如头脑风暴法、六西格玛法、试错法、TRIZ理论。

第七章 授于命

命，在人之七格主动干预系统中的定义为，规律运行与变化支配下必然会发生的事情，包括生死、财富和人的一切遭遇，也可以理解为寿命、生命，以及生命存在的价值、意义和使命。命格，在主动干预系统中发挥指引的作用，既是生命的主体存在，又是主体所承载的意义，在职业生涯管理中，为职业使命的完成；在企业经营管理中，为企业的使命和价值。

案例十二

现代医学与哲学的结合——系统医学

2002年5月10日，凤凰卫视女主播刘海若在英国旅游时遇上火车出轨而重伤昏迷，在英国接受抢救时，瞳孔放大，自主呼吸丧失，对外界刺激也毫无反应，英国医生判断她可能发生脑死亡，提出进行脑干测试的建议，被刘海若的家属拒绝。后刘海若被转往北京宣武医院，由脑科专家凌锋召集医疗小组，结合中西医治疗。刘海若在昏迷两个多月后苏醒，被全球医学界视为奇迹，主治医生凌峰将其归功于系统医学在临床上的应用。

系统医学起源于20世纪90年代中国的中西医学比较研究，中医的系统理论、医学计算机建模和分子医学的生物技术研究，中医的系统理论和分子医学的技术整合交叉形成了系统医学概念和模型。[1]二十世纪八九十年代，中国医学界与科学哲学界进行了中西医学与中西科学、中西哲学的系列探讨，同期系统科学、老三论（系统论、控制论、信息论）、新三论（耗散结构论、协同论、结构论）、人工智能、周易哲学与科学史、科学哲学、科学社会学国内外的学术理论和思想得到了广泛的传播，国际行为医学、社会—心理—生物医学模式及综合治疗方式逐渐形成，以及采用现代生物技术研究的中医药在国际上快速发展。

现代医学最重要的哲学基础是因果律，即寻找病因和去除病因。而系统医学在尊重因果律的同时，结合哲学和科学最新发展出来的思想——系统论、人体内环境、结构稳定性、人体内环境稳定性、控制论等，认识到人体具备自动纠偏能力和微妙的躯体智慧，强调病人生

---

[1] 眭建.医学导论［M］.南京：江苏科学技术出版社，2013.

> 命体征系统各个指标稳态的负反馈和熵递减,以及生命体自身的自愈能力,摆脱了机械因果论的束缚,利用系统论建立一个生理学、病理学、临床医学和临床人文学的理论体系框架,标志着一种崭新的医学思想的诞生。
>
> 资料来源:根据网上公开资料及凌锋教授演讲视频资料整理。

2019年9月,凌锋教授在世界医学大会上做了《系统医学能解决现代医学困惑吗?》的主题演讲,提出系统医学就是用系统论的原理和方法来解决医学问题,系统医学具备科学体系的三大要素:公理系统、数学表达和实验证明。系统医学有两个基本的公理:①稳态可以用自耦合系统来描述,把人体看成一个由无数小不倒翁组成的大不倒翁,具备自我纠偏的机制。②人体具有自我康复能力,即自愈能力。系统医学在关注去除病因的同时,要维系病人的承受和耐受能力。疾病的过程可以用稳态的偏移数学公式表达为:

$$s=b/[1-(k+q)]$$

其中,s 为稳态的偏移,b 为外在病因(外因),k 为稳态系数,q 为对调整功能的扰动(内因),$1-(k+q)$ 为维稳能力的强弱(抵抗力)。

每个行业都自带使命,医学把治病救人作为最基础的使命。依靠现代医学技术和设备,医生可以看到人类身体内部,但仍然存在着基本的医学伦理问题和复杂的医学技术难题需要解决。单纯依靠科技的发展是不够的,使命、哲学和人文在医学科技发展的过程中一定不能缺失,没有科技的医学是愚昧的,没有人文的医学是冰冷的,没有哲学的医学是莽撞的,没有使命的医学则是盲目的。

第一节　命的进化

一、命的天数

人类的进化过程，是平均寿命不断增加的过程。原始人的平均寿命不超过 15 岁，公元前人类的寿命平均为 20 岁，17 至 18 世纪为 37 岁左右，到 19 世纪人类平均寿命提高到 61 岁，20 世纪末期一些经济发达国家的人均寿命超过了 80 岁。2022 年 1 月 10 日，国家发展改革委等部门印发的《"十四五"公共服务规划》显示，2025 年我国人均预期寿命达 78.3 岁。

公元前欧洲人的平均预期寿命仅为 20 岁左右，之后持续缓慢地延长，1850 年左右达到 40 岁，即在近 2000 年的历史中终于延长了 1 倍。人类极其缓慢的寿命增长速度与古代社会生产力发展缓慢有关。19 世纪是一个转折点，随着工业革命发生，社会生产力的解放，人口的平均预期寿命迅速上升。1977 年联合国人口年鉴所示，欧洲人的预期寿命已达到平均 72 岁的水平，这同医疗技术的进步和卫生环境的改善是分不开的。特别是抗生素的发现和免疫接种术的应用，扑灭了曾使古代人口大批死亡的各种流行性传染病（如霍乱、天花、鼠疫等），使欧洲人的平均预期寿命在 20 世纪内以平均每十年 2.3 岁左右的速度增长，与古代形成了鲜明的对照。

从原始人到现代人，人类平均寿命持续增长，这是人类主动干预活动的硕果，特别是工业革命之后生产力得到了极大的解放，人类认识、利用知识和资源的技能得到了极大的提升，经济条件、科学技术、文明文化、卫生医疗等得到了极大的改善和发展。工业革命的本质是知识革命，自然科学、社会科学的知识在17世纪的累积、爆发和应用，发生了量变、能变和质变，极大地提升了人类这个物种在自然界生存与发展的能力。

人的寿命取决于个人的体质、遗传因素、生活条件、心理健康、情绪心态等。根据生物学理论，决定人类寿命的是干细胞分化成的体细胞染色体两端的端粒长度，体细胞每分化一次，端粒的长度就缩短一半，当端粒的长度足够短时，染色体在复制过程中就会出现各种错误，从而引起疾病的发生。当端粒长度不能够继续分化时，细胞就不会继续分化，这就意味着人类的寿命达到了终点。1961年，美国科学家观测到，人类的细胞分裂50次之后就会全部死亡，而每一次分裂的周期是2.4年，因此，从端粒的角度上，人类的理论寿命是120岁。端粒长度限制着人类寿命的长短，但如果能够突破端粒长度的限制，人类寿命突破120岁就不再是无法实现的空想。

命由天定的说法，基于体细胞分化能力的有限性是绝对的。但有一个例外，那就是神经细胞。神经细胞是在孕期内由干细胞分化生成的，出生时分化就停止了。由于神经细胞是高度分化，且不再生成，所以脑损伤是不可逆的。如果人类的体细胞可以进化到神经细胞的不可分化性，或者人类可以干预体细胞分化的有限性，那么人类寿命的继续延长，甚至是无限延长，也不是不可能的。

有数据显示，中国民营企业的平均寿命仅有3.7年，中小企业的平均寿命更短，仅有2.5年，而在美国与日本，中小企业的平均寿命分别为8.2年、12.5年。中国大企业的平均寿命是7～9年，欧美大企业的平均寿命长达40年，日本大企业平均寿命更是长达58年。[①] 随着中国经济的持续发展和企业产权制度的完善，企业的平均寿命必将延长。

---

① 林泽炎.助力企业持续健康发展的探索[J].中国发展观察，2020（3）：127-128.

二、命的意义

荣格将自我实现作为生命存在的意义，而马斯洛则将自我实现作为需求层次理论的最高层级。马斯洛的需求层次结构符合心理学中的激励理论，是人类需求的五级模型，通常被描绘成金字塔内的等级。人类从低到高的需求依次为：生理（食物和衣服）、安全（工作保障）、社交需要（友谊）、尊重和自我实现。前四个层次的需求通常称为不足需求，而最高层次的需求被称为增长需求。马斯洛认为，人们需要动力实现某些需要，有些需求优先于其他需求，只有低层次的需求得到满足，才会有更高层次的需求。

笔者认为，各种需求会同时出现在某个阶段的同一个人身上，《孟子·滕文公上》阳虎曰："为富不仁矣，为仁不富矣"，坊间又传"仗义每逢屠狗辈"，并非衣衫褴褛食不果腹的贫困者，就没有尊重和自我实现的需要，而生活富足者就一定会有更高的精神追求。《儒林外史》中说："宁欺白须公，莫欺少年穷。终须有日龙穿凤，唔信一世裤穿窿"，意思是少年时候的穷困，只是暂时的，少年穷不怕别人欺，最怕的是自欺欺人而不自知。特别是刚入职场开启自己的职业生涯时，选对方向和行业特别重要，在职场初期设立职业发展的高目标是必要的，这也是回答"我是谁？从哪里来？到哪里去？"终极命题的最可行的第一步。

三、命与企业

如果可以找到决定和影响企业寿命的基因并加以改造，是否有机会帮助企业延长寿命，答案或许就在企业的七格主动干预系统里。企业主动干预系统的七格包括行业知识、企业文化、全员预算管理、商业化、品牌、创新、价值实现，这七格共同决定了企业的生存状态和生命周期。通过对七格的持续补强增益，企业赋能回归成为一件自然事件。所谓的自然事件，就是指穷尽所有人力之后，根据规律自然而然发生的事件。

人的自然寿命能够活到 80 岁就被认为是寿终正寝，如果能活到理论上的 120 岁，就是一件接近纯粹的自然事件；员工的职业生涯周期与人的七格主动干预系统密切相关，也由人的身体健康水平和寿命所决定；企业的理论寿命是无限的，可以世代传承，因为企业是社会的企业，资源是社会的资源，市场是社会的市场，营商环境本就是社会生态的一部分，从社会中汲取的各种资源再以商业化的过程回馈社会，形成良性的生态互动，就是企业生生不息的秘密。

第二节　命的弹性

一、命的干预

每个人的寿命长短有差异，是由于个人的体质、遗传因素、生活条件、心理健康、情绪心态等存在差异。除遗传基因外，个人体质、生活条件、情绪心态等都是可以进行自我干预的，干预方式包括进行适当的运动增强个人的体质，提升自己的技能改善财务状况和生活条件，加强对世界观、人生观、价值观的认识来调整自己的心理状态，采取积极的人生态度来平衡情绪心态，避开生活中的陷阱、意外和人身伤害等，都是主动地干预生命的存在状态。如果生物科技得以进一步发展，通过对遗传基因的积极干预，也可以治疗先天性伤残和遗传性疾病。

二、命的质量

生命是有弹性的，不仅在于寿命的长短，还在于生命的宽度和内容。原始人基本的生存状态是在所属的部落领地范围内打猎和睡觉，穴居野处，天为被，山川为枕，生活条件极其艰难困苦。而现代人可以根据自己的喜好、习惯和特长做出各种选择。现代人住厅堂楼阁，吃山珍海味、美食佳肴，食不厌精、脍不厌细，在生活中除了琴棋书画、诗词歌舞、饮酒作乐、骑马射箭等古人遗留下来的传统娱乐方式外，还有比先人更多更丰富的生活内容和娱乐方式，让人应接不暇。富足的人生，充盈了生命的宽度和内容。

老子说："五色令人目盲，五音令人耳聋，五味令人口爽，驰骋畋猎令人心发狂，难得之货令人行妨。是以圣人为腹不为目，故去彼取此。"意思是说，缤纷的色彩，使人眼花缭乱；嘈杂的音调，使人听觉失灵；丰盛的食物，使人舌不知味；纵情狩猎，使人心情放荡发狂；稀有的物品，使人行为不轨。因此，圣人但求吃饱肚子而不追逐声色之娱，摒弃物欲的诱惑而保持安定知足的生活方式。

实际上，除了脑容量和灵巧的双手，人的感官和功能在自然界并非最强大的，人耳能听到的声波频段为 20～20000 赫兹，听不到低于 20 赫兹的次声波和超过 20000 赫兹的超声波，人类的奔跑速度超不过虎狼，力量大不过熊象，不能展翅飞翔，也不能水中栖息，肠胃消化功能有限，肢体器官受损无法再生。但人类就是通过干预系统的创新能力，把生命的弹性扩展到最强值。

三、命与职业

职业生涯的弹性，决定于人之七格主动干预系统的韧性。职业生涯发展存在一般规律，包括学习期、成长期、发展期、稳定期和衰退期。稳定期是产出最高的阶段，在理论上要尽可能地延长稳定期，稳定期的弹性形变突破界限值，形成稳定期的塑性变形，在知识更新技术迭代等外部因素的不断发展变化中，塑性变形意味着失去了弹性，便无法再跟随外部的变化而变化，则又会加速稳定期向衰退期的衰变。因此，将弹性保持在可令稳定期始终处于临界点之前的高峰值，是保持职业稳定期的最优选择。

职业生涯的七格主动干预系统的坚韧来自职业锚。有些人的职业锚在学习期就形成了，比如青少年时期受某个人、某本书或某部电影的影响，产生当科学家或者是律师的想法；在职业初期发现个人的性格与职业的特性非常匹配，从此坚定地在某个行业的某个岗位上持久地干下去。职业或工作，正好是个人的兴趣所在，所谓的工作等于爱好，这是最优的职业搭配选择。而有些人只有当在职业发展期或者是稳定期出现职业危机的时候，才发现自己的职业锚，只能重新进行职业定位，进入其他的行业或选择其他的工作，开始又一个新的职业生涯的循环。

企业是独立存在的组织，企业资金一旦投入某个行业，如果不成功，转行的可能性就微乎其微。投资本身就是一门需要潜心学习的复杂课程。相对于职业的弹性系数，影响企业生存发展的变量防不胜防，如政策的宏观调控、市场的风吹草动、经营的决策错误、管理的闪失疏漏、团队的人心涣散等。可以将企业的弹性系数想象为过山车式，每一个小的颠簸都像是翻车，更需要谨慎履行经营管理者的责任。企业一旦抵达商业化所形成的品牌阶段，弹性系数会相应下降，进入稳定运行的过程。而这一切必须依赖企业七格主动干预系统的有效运转。

第三节　命的延伸

一、命的延续

生命是个体具备了独立意识后，思考和探讨存在的价值和意义的过程。且思考和探讨生存意义贯穿生命的整个过程。生命的延续有两种方式：一种是繁殖，另一种是能量和物质的释放。繁殖的方式包括有性繁殖和无性繁殖，有性繁殖是通过雌雄结合进行的繁殖，无性繁殖则分为分裂生殖、出芽生殖、断裂生殖、孢子繁殖和营养繁殖等。从生物学的角度来看，作为个体的生命终归会死亡，死亡之后的物质元素又以能量释放的方式回归自然，可能成为构成另外一个生命的能量与物质，这样也能完成生命的延续。

无论是对意义的肯定，还是对意义的否定，都受意识的支配。意识的支配自然有其存在的规律，对于无意识而言，这种规律就如同潜意识的存在，已经发生而不自知。意识到意识支配作用的存在和规律，就是意识的觉醒，意识的觉醒可以按下主动干预系统的开关，启动"信、知、行、习、性、运、命"的本能和动能，以达到超能的状态。但主动干预系统所创造的知识、文化、科技、文明等所有的成果，会随着生命的延续而世代传承下去。

二、命的回归

职业生命的延续也可以通过子承父业和接班人制度的设计来实现传

承，在工业革命之前，学徒制是古老的职业得以延续至今的设计机制，仍然还在某些行业和职业中发挥着重要作用。

企业生命的延续，可以通过企业的分立、并购等各种商业行为完成。在商业生态系统成熟稳定的环境里，公司注册、注销、转让、收购等各种商业活动可在短短几日内完成，交易成本非常低，这是社会形态从农耕时代向工业时代，再向信息时代发展转变进化的过程中，商业化和市场化日臻完善的结果。

自从人类学会交易而不再依靠抢掠获得食物时，就产生了文明的萌芽，交换比语言和文字的出现早得多。人类发现可以用自己多余的物品，去换取别人的物品时，就有了物权，有了交换。有了交换才有了市场，有了市场才产生了现代的市场经济，市场经济是实现人类财富最大化和资源配置最有效的机制，也是推动人类文明走向进步的基石。继续走市场经济这条路，无论是对于企业还是个人，都是福音，在商业环境稳定的市场经济竞争中，有竞争力的企业的生命戛然而止的概率越来越小，富有生机的商业生态环境将促使更多的转让、收购等商业活动的发生，使企业的生命以各种方式得以延续。

三、命的引领

宿命论和使命论的争执始终不断。在科学昌明之前，宿命论是因为对神秘力量的未知，提出的命由天定。科学机械论认为，宇宙大爆炸时的"因"已经决定了相应的"果"。好比掷出的骰子，在落地之前，实际上结果已经由出手那一瞬间的各种外部因素，包括出手的角度、速度、方向、空气阻力等所决定，因此，宇宙间的一切，不管是天体爆炸、星体运行，还是人类的思想、感情、行为，都受各种自然规律的制约。

使命论则认为，人类拥有了知觉和意识，被赋予了思辨的能力，发展出文明，无论是宗教、信仰、哲学、科学、文化，还是对宇宙形成的认知，都是人类思辨能力的产出，也是人类对自然和自我探索的结果，即使仅是本能的好奇心驱动，也不会停下丈量世界的脚步。好奇心如果加持了使命感的光环，对宿命论的降维打击，应该成为社会普遍接受的共识和常识。每个生命的诞生，自然就会产生相对应的法律关系，包括责任、权利和义务。一个生理心理健全的成年人，其首要的责任就是自立自足自强，参与到社会经济活动中，通过自己的一技之长维系基本生活，如果每个人都能把自己照顾得很好，不给别人添麻烦，那么会有多少社会问题消弭于无形之中。如果把目标设得更高一点，在自给自足之余还能帮助他人，为社区、行业、社会做出更多的贡献，那需要的就不仅仅是出众的能力，还要有更广泛的影响力，以及可以被更多人所认同和接受的责任感、使命感。

《列子力命》云："信命者，亡寿夭；信理者，亡是非；信心者，亡逆顺；信性者，亡安危。"意思是相信命运的，无所谓长寿与夭亡；相信自然之理的，无所谓是与非；相信心灵的，无所谓困难与顺利；相信自然本性的，无所谓安全与危险。主动干预系统认为，需求的刺激和使命的引领是意识觉醒的两个条件，"信命者，亡寿夭"的真正意义是"相信使命，则无谓生死"。

第四节　命的真谛

生命的本质是一个能量转化的过程，生理能量和心理能量是生命能量的总和。如果生理能量是生命的经济基础，那么心理能量则决定了生命的上层建筑。主动干预系统的本质几乎就是生命的总和，包括生理及心理能量所驱动的生理活动及所有的心理活动；内容由基于生理需求及心理能量驱动的知觉、意识、信仰、知识、行动、习惯、性格、使命等构成。每一个细胞，每一件事情，每一个思考、想法、观点，每一点情绪、感觉，每一个行为、习惯和性格，所学到的每一点知识，培养出来的每一点能力，面临的每一个机遇和挑战，以及我们心中所肩负的每一个责任和使命，都是我们生命的一部分，识别和善待这些细微的点点滴滴，就是善待我们的生命。我们的每一个动作、情绪、心理活动都是我们的生命力，焕发着能量、展示着光彩，每个人的头上都散射着不能为肉眼所见的神秘光圈，每个人的出生都是这个世界能量转换的结果，也都在改变着这个世界，这个世界因为每一个人的出生而改变。而世界变得美好与否，取决于每个人是否发挥主动干预系统的力量去影响这个世界，让这个世界因为自己的生命能量转化而变得更美好，这才是生命的真谛。

本章小结

未来存在多个可能性。任何规律都会发生突变而脱轨，黑格尔所说的"存在即合理"往往被滥用。存在即合理，本意不存在价值判断，而是事实分析，意思是存在着的事物和现象自然有其规律可以解释。规律的脱轨也有其自身的规律，就如同偶然也是一种必然的存在。生老病死等或不可逆转，要有清醒和正确的认识，而人生是由几件大事和无数小事组成的，通过主动干预小事的转变，即使仅仅增加一个好的习惯，也有可能收获健康的一生，完成被赋予的使命。

第八章 觉醒的力量

人之七格主动干预系统的运行，可以归纳为：韧于信，正于知，演于行，成于习，显于性，变于运，授于命。在此系统的运转中，信格起续力作用，知格起支配作用，行格起释能作用，习格起能变作用，性格起聚变作用，运格起再生作用，命格起指引作用，意识起启动作用。

主动干预系统，简单地说就是一个学习的过程，学以致用覆盖全过程，系统的启动起源于意识的觉醒，一旦意识觉醒，系统至死不休。

自然规律的运行与变化是人力不可扭转的，生老病死也属于自然事件的范畴。宿命论认为既然一切自有其规律和结果，无能为力的同时，也就无动于衷。人除了遵循自然规律外，还要遵循社会规律。人类认识、利用和改造自然的整体能力，与先人相比，已不可同日而语，但社会规律和社会规则的运行和变迁存在着万千变化，人类对自身意识、心理、情绪和言行的认识，仍然处于萌芽阶段，现代心理学和行为学的发展，也不过两百年的历史。人类还没有生产和创造出一个功能齐备可以完整自我审视的"内窥镜"来发现和挖掘自身意识和行为。

人的潜能就是一个小宇宙，拥有新星般的力量，只是没有被发现。新星一旦爆发成为恒星，不但自身发光发热，还可以照亮暗黑的星云天河。主动干预系统的实践，就是促使个体完成从新星爆发成为恒星的过程。

每个人的存在，都是神奇大自然最伟大的杰作。我们最基本的使命，就是用大自然赋予的神奇能力，去实现这一趟不可思议不可再来的人生旅程。

本章笔者主要通过列举主动干预系统在职业规划、情绪管理和健康管理中的实践和应用，来说明主动干预系统所蕴含的巨大能量。无论是对于刚刚走出象牙塔的天之骄子，还是已经在职场、商场打拼的职业人和创业人，还是面临人生顺境、困境甚至是逆境的人，使用主动干预系统来管理自己的生活、职业和人生，可以主动顺应人性天命，对自我和世界有一个更加清晰明朗的认识。

第一节　职业化的基因密码

职业化的基因密码——职业生涯规划和职业价值创造是笔者所读人力资源管理课程的重要内容，也是笔者在担任企业高管时引导和培养员工必须完成的训练之一。笔者引入主动干预系统原理，帮助员工去认识、完成和实现自己的职业生涯规划，实现职业价值的最大化。

一、职业生涯

如同人有生命周期一样，个人的职业生涯同样存在着发展周期，有其内生和外在的发展规律。很多员工新晋职场，因为对职业生涯及其规划的无意识，大多被动地、顺从地开展工作，缺乏目标感和行动力，独立完成工作难度大，收入和付出不成正比，工作关系紧张，领导期望过高，面临着诸多压力和心理问题。通过对职业生涯的认识和规划，建立自己的目标，恢复行动力，在职场中快乐地"相爱相杀"。

人的职业生涯，一般可以分为学习期（信和知）、形成期（行）、发展期（习）、稳定期（性和运）和衰退期（命）。学习期一般从学生时代到初入职场的几年时间，以25岁左右为界，如果要读完硕士、博士，甚至会到30岁。形成期一般为25～30岁、而发展期则为30～40岁、稳定期为40～50岁、衰退期为50～60岁，此外要说明的是，每个个体和个体所从事的职业不同会有出入，如某些企业的创始人，50～60岁还处于发展期。

学习期是对知识的兼收并蓄阶段，这个时期以知识的被动累积为主，知识积累也最有效率。此时，人的大脑存储容量尚处于空仓状态，就如同在一张洁净的白纸上作画，每画一笔，都会在脑海里留下深刻的记忆。这个阶段初涉人世，还没有经受过社会的锤炼和生活的摔打，心智活跃，好奇心重，对未见过的事物仍保持着新鲜感，更容易接受新的知识和观点。过了这个阶段，如果要吸收新的知识，就需要重新空仓。而重新空仓的过程，是一个自我否定的过程，需要意识的觉醒，需要学会独立思考。自我否定及再否定的过程，要有更多的心理建设和暗示。

形成期是对知识应用的模仿和初步操作，作为初入职场的新人，需要把吸收的知识，经过公司的工作安排加以运用，以完成一定的任务为目的，从而实现公司的组织目标。这个阶段，也是个人根据自己的喜好、特长及对社会、公司和工作的具体要求和特点，形成个人的职业爱好和特长时期。很有可能第一份职业并不是个人所好，将会面临职业的重新选择。这个阶段也是形成职业锚的阶段。

发展期是经过形成期的历练和选择之后，经受住了行业的筛选和检验，进入了职业发展的快速通道，很多人在这个时期脱颖而出，成为企业的中坚力量和骨干，继而走上了管理者的岗位，开始独立带领团队开展工作。

稳定期是在经过发展期的筛选和检验之后，在某个行业中的发展达到了天花板的阶段，成为某个行业或领域内的专家和权威，但职业上升通道会在稳定期内关闭，这时容易出现职业危机。

衰退期指的是稳定期之后，学习能力下降，跟不上知识更新迭代的速度而造成的工作能力下滑。最典型的是20世纪90年代互联网时代初期，计算机代替了大部分岗位上的人工操作，电脑操作和使用系统软件的技能成为必备的基础能力之一，很多企业的招聘广告上出现了"懂电脑操作、会打字"，计算机实操成为职称评定的考试科目之一。但现在的招聘广告上，甚至是秘书或打字员的招聘广告上都不会出现类似的字眼，因为计算机操作和打字已经成为人们的基本技能了。在互联网时代的冲击下，很多优秀的人才在职业的稳定期陷入了职业危机，提前进入了衰退阶段。例如，大批依靠手工绘图的优秀设计师，因为没办法快速适应和掌握电脑绘图的技术，只能从设计岗位上退下来，而一些学习能力很强的设计师，能够快速掌握新的技能，从而延长了自己的职业稳定期。

二、职业发展规律的内在逻辑

为了方便理解，笔者将处于学习期、形成期、发展期、稳定期和衰退期不同阶段的员工，分别定义为学员、队员、队长、教练和专家。员工在不同的阶段，工作能力和为企业所作出的贡献是不同的，从学员、队员、队长、教练和专家依次为递增的过程。职业生涯与贡献度如表8-1所示。

表 8-1 职业生涯与贡献度

职业生涯	学习期	形成期	发展期	稳定期	衰退期
定义	学员	队员	队长	教练	专家
年龄划分	25岁之前	25～30岁	30～40岁	40～50岁	50～60岁
学习能力	最强	强	中	低	弱
贡献	无	低	中	高	最高
收入	无	低	中	高	最高
跨度	10年	5年	10年	10年	10年
员工A的岗位贡献递增速度	0	100	110	120	110
员工B的岗位贡献递增速度	0	150	200	250	200

图8-1是员工A与员工B在不同阶段职业生涯分布，横轴代表的是职业生涯的不同阶段，纵轴则代表的是整个职业生涯贡献值。我们从图中可以分析出，员工A无论是岗位贡献度的初始值还是岗位能力递增值，都低于员工B，员工B的职业生涯贡献值远远超过员工A。员工A

极有可能是对知识技能要求不高的劳务型员工，而员工 B 则极有可能是掌握了一定专业技术知识的工程师。

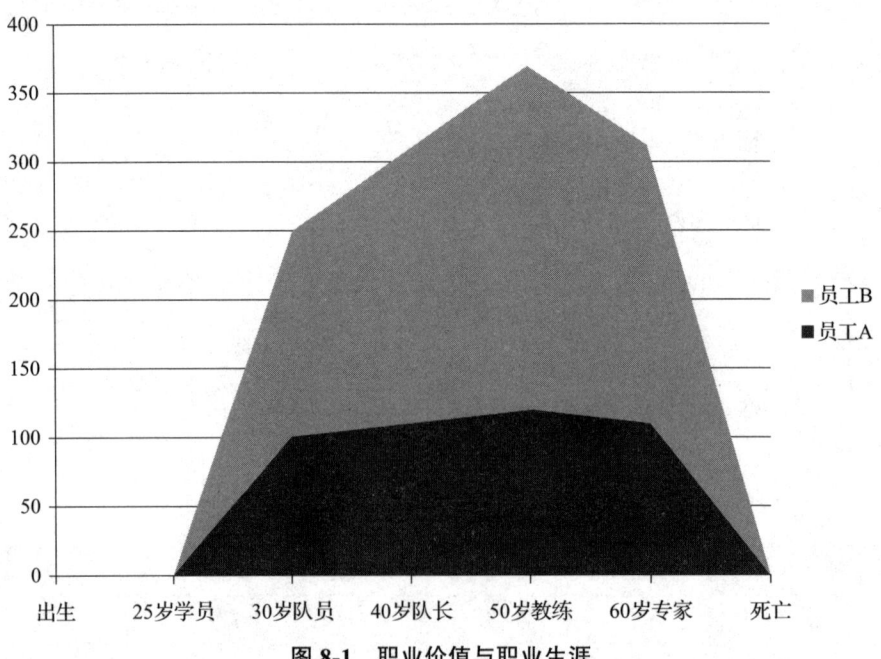

图 8-1　职业价值与职业生涯

那么职业贡献值与职业生涯阶段有什么关系？如果用 y 代表职业贡献值，用 x 代表职业生涯不同的阶段贡献度，那么 y 是不是就能构成关于 x 的函数呢？如果设定 $y=f(x)$，那么职业生涯贡献值就等于员工在不同阶段的贡献值的总和。

x_1 为学员期的贡献度，这个阶段为消耗阶段，贡献度设为 0，x_2 为形成期的贡献度，为期 5 年，x_3 为发展期的贡献度，为期 10 年，x_4 为稳定期的贡献度，为期 10 年，x_5 为衰退期的贡献度，为期 10 年，则整个职业生涯的贡献度，就等于各个阶段的总和，即 $y=0+x_2\times5+x_3\times10+x_4\times10+x_5\times10$，职业生涯贡献值就是关于职业能力贡献度和职业生涯不同周期长短的变量。设时间为 t，各个周期的长度依次设定为 t_1、t_2、t_3、t_4、t_5，则 $y=x_1\times t_1+x_2\times t_2+x_3\times t_3+x_4\times t_4+x_5\times t_5$，如果求 y 的最大值，只要

把 x 和 t 同时取最大值即可。稳定期是岗位贡献度最大的阶段，无限延长稳定期的长度，就可以实现职业生涯的最大岗位贡献值。

如何最大限度地延长稳定期？一是在职业生涯的初期，跑步提前进入稳定期，减少学习期、成长期、发展期占用职业生涯的长度。二是在职业生涯末期，延迟衰退期的到来，尽可能地延长稳定期的长度。跑步提前进入稳定期，减少学习期、成长期和发展期，需要在职业生涯初期提升学习效率，快速吸收行业最先进的知识，做一个时代和行业的抢跑者；延迟衰退期的到来，需要在职业生涯末期保持强劲的学习能力，与时代接轨，与行业的发展保持同速；从鲜衣怒马少年时"出道即巅峰"，到"莫道桑榆晚，为霞尚满天"的暮年时老骥仍伏枥，让职业稳定期贯穿职业生涯的全过程。

三、人之七格主动干预系统在职业生涯发展中的应用

保持职业发展的稳定期有两个关键的因素：一个是持续学习，提升学习效率，保持学习能力；另一个是保持健康，这也是任何活动的基础和前提。一旦意识到良好的学习习惯和运动习惯是发展个人职业生涯的关键和基础，主动干预系统的开关就会启动。在主动干预系统的任何一个环节，都要区分好的知识，养成良好的学习习惯和运动习惯，也需要正确的认知。投入决定产出、产出决定回报、投入与产出只是回报的变数。养成任何习惯，都需要投入认知、意愿、行动和时间，而产出则包括习惯的养成、性情的生成、能力的提升，当习惯养成和能力持续提升之后，回报则是水到渠成的自然发生的事件，包括任务的达成、职位的晋升、收入的增长、角色的提升、团队的认同、成就的认可、自我的实现、体质的健康、心理的强大等各种变化，从而延长职业稳定期。这也就是主动干预系统功能——韧于信，正于知，演于行，成于习，显于性，变于运，授于命。

除了专业知识的学习和累积，事关职业发展的其他技能和认知，如时间管理、有效沟通、项目管理、计划制订、目标导向、行为管理、情绪管理等基础的通用技能和知识都是需要学习的，启动主动干预系统，养成学习的习惯，就不是一件难事。

第二节　心态重塑：积习难除，可以增加一个善微习惯

这是一个关于心态重塑的案例应用。在与友闲聊时曾谈及心态的话题，"如何做到喜乐安宁"，这是一个心理学范畴的问题。心态指的是心理状态，又叫心境，可以理解为情绪、意识等心理活动都是在心理环境中活动，受心理环境的影响，同时又影响到心理环境的生态。心态相对于情绪、意识是更稳定的一种心理活动，如果说意识位于心理活动的最底层不易被察觉，心态则处于意识层上面，可以被感知或察觉但相对比较稳定，而情绪则处于心理活动的最表层而经常变化，如图8-2所示。

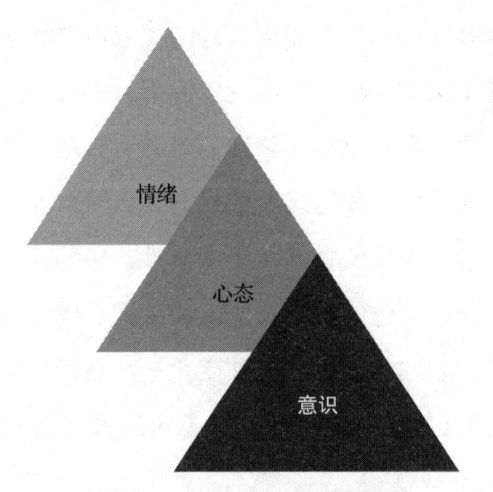

图 8-2　意识、心态与情绪

在主动干预系统中，意识发挥着启动机制。意识功能由遗传物质决定，而意识的运行规律，则受客观环境的影响。遗传物质决定了意识的机理作用，客观环境则决定了意识的运作模式，简单理解为：人类通过遗传物质继承了手的灵巧，但用手去搬砖还是握笔，则是由后天的客观环境决定的。

从生物学上，人类的记忆是没有办法通过基因直接遗传的，比如父母的记忆不能通过遗传由后代继承，但记忆功能则是通过基因的遗传完成的。父母和后代都具备记忆功能，但所记忆的事情，都是后天的经历。

如果把大脑假设为一个铝球，生活的摔打和经历，就会在球体上留下各种痕迹，这些痕迹就形成了记忆。有些痕迹会自动恢复，有些被抹平，有些被其他更重的痕迹替代，只有那些更深刻的痕迹才会被留下来。自动恢复或被抹平的痕迹，就是消失的记忆，而那些不可恢复、不能抹平的痕迹，就形成了永久的记忆。一般情况下，后代通过遗传物质继承一个全新的铝球，父母铝球上的印痕并不会遗传给后代。但如果铝球的遗传物质受损，那么极有可能后代继承的是一个受损的铝球，但也只是机能的遗传，而不是记忆内容的遗传。而最新的生物学研究，有可能突破内容遗传的认知，但人类对这方面的研究仍处于萌芽阶段。

同样，意识与心态，遗传的也只是机能，而不是内容。心态的机能通过遗传继承，被动地、无意识地受客观环境的影响。只有当意识觉醒之后，主动干预系统才开始发挥作用。促使意识觉醒的是人的需求，人的需求来自方方面面，马斯洛需求理论中五个层次的需求都会唤醒沉睡的意识，从而启动主动干预系统，重新建立自己的心态。

按照主动干预系统的原理，笔者给朋友的一个小建议是：积口德，从这件小事开始做起。所谓的积口德，就是不讲脏话不骂人，也不要说刻薄他人和伤害自己的话。

工作和生活中遇到的不忿事所产生的愤慨、忧虑、悲伤等情绪，多是无关紧要的小事在内心虚拟构建的结果，比如，给某人贴上忠、奸的标签，给某事赋予善、恶的属性，再由本能反应加以演绎，从而生成某种情绪来操纵自己的言行，这是一个无意识的过程，而不是主动可控的过程。

如果内心场景的虚拟构建，不再受本能反应的演绎，而是受知格支配，主动构建一个符合预期的内心场景，是不是就可以调整情绪，从而实现心态的重建？

有意识地控制自己不说脏话，在开始阶段，通过构建场景是非常有效的方法，通过主动干预系统的运行，从而养成习惯，自然会养成性格，从而实现了心态的重建。

人生所遇的怄糟之事、厌烦之人，大多是与自己毫无交点的平行线。人们并不能对每个人的一切遭遇明察秋毫，洞悉于心，而个人能被他人所看到的也都是破碎、零散的。凭着破碎零散的碎片去拼凑一个影响情绪的故事，那是侦探和编剧的工作，猜忌和刺探虽然是人性的本能，但受本能操纵的言行和情绪，首先反噬的是自己，因为心态和情绪是自己的，好心态好情绪的积极意义自不必言，坏心态坏情绪的消极作用却常阴魂不散。

积习难除，并不能阻碍主动干预系统的运转。在主动干预系统中，可以不必理会和破除旧习惯，而是将焦点关注到新的习惯上。新习惯的养成，最好的方式是从一个轻松的、微小的、好习惯开始，不一定非要追求宏大复杂，养成的过程中要找到令人快乐愉悦的兴奋点和成就点。比如跑步，可以从10分钟或者是1公里的快走或慢跑开始，这样比较容易完成，而如果设定多少天之内要完成10公里甚至是马拉松的目标，心理压力极大，半途而废者众。当新的习惯养成后，难以根除的旧习惯相信也会随着新习惯的养成而逐渐被遗忘。

大音希声、大象无形，有意识地养成一个小的好习惯，是人之七格主动干预系统中一个非常重要的内容。让改变变得容易，不需要太多的心理建设，任何一个好的小习惯，都会带动意识的觉醒，从而启动主动干预系统，进入自我和超我的实现过程。

第三节　跑步人生

笔者坚持日跑 10 公里的习惯有 10 年，跑步给笔者带来的影响是全方面的。本书的内容，都是在跑步时思考的。

笔者青年时受慢性肠胃病困扰多达 10 年，遵医嘱不要剧烈活动，体重一度攀升到 208 斤，体质和心态均给笔者造成了沉重的负担。

笔者所在的行业，跑步风盛行，因此见识了业内人士在坚持跑步后所发生的惊人变化，遂动了心思，意识一旦觉醒，关于跑步的主动干预系统就启动了。从了解跑步的相关知识，到制定时间表、路线图，各种烦琐的准备工作，都不如凌晨五点半的闹钟。

笔者第一次有意识的跑步，是在雨后的夜晚，在运河边的绿道上完成的，虽然只有短短的两公里，而且还是气喘吁吁地半跑半走完成的，但完成之后的成就感和快乐感至今记忆犹新。从此一发不可收拾，从两公里到 5 公里，再到零补给无歇息完成 10 公里，差不多花了 6 个月的时间。

排斥跑步的人，说的最多的话是跑步伤膝盖和一个人跑步没意思。没有掌握正确的跑步姿势是跑步伤膝盖最大的原因。正确的跑步姿势是上身前倾、屈膝、提髋、摆胯、挥臂，依靠前倾产生的重心角度差来带动身体的移动，用大腿发力而不是膝盖发力。认为跑步没意思，是不了解跑步所产生的多巴胺和内啡肽是产生快感的激素，让人成瘾。现在，跑步 App 的功能越来越强大，配速、时长、距离、爬升高度、动态心率、静态心率、最大摄氧量、消耗热量等各种活动数据和身体指标都能检测，是自我认知身体状况最佳的渠道之一，是自我认知最重要的内容之一。

笔者相信跑步会带来好的变化，早晨五点半的闹钟就能唤醒沉睡中的自己去跑步，只需养成早睡早醒这个小小的好习惯，剩下的就交给主动干预系统去实现了。

有氧跑步可以燃烧脂肪、保持体形、增强体质、锻炼肺活量。跑步也可以减轻糖尿病患者的体重、症状、延缓糖尿病患者并发症的出现时间、改善糖尿病的预后。

但跑步并非适合所有人。方法失当容易造成损伤，超负荷跑步还会引起心理和情绪上的厌倦和反感，不能长久坚持下去。

主动干预系统由内生意识的觉醒启动，具备强大的心理动力，不用做过多的心理建设和自我暗示。

主动干预系统因为相信相信的力量，因为坚定而轻松，无需背负沉重的心理包袱负重前行，为系统续力。

主动干预系统驱动知识获取方式，由被动的灌输变成独立思考之后的主动学习并区分出好的知识，支配系统的运转。

主动干预系统强调从一个小小的行为开始，并不需要自我否定和再否定的复杂艰难的过程，系统开始释放能量。

主动干预系统强调增加一个小的好习惯，细微的改变就可以发挥涓滴效应，习惯的养成就是量变到质变过程中必经的能变过程。

主动干预系统通过习惯的养成，进而形成乐观的性情并提升各方面的能力，在应对变化时可以做到处惊不乱、从容不迫，产生聚变。

第八章 觉醒的力量

主动干预系统把应变能力写入了基因，从而可以实现持续再生功能。

主动干预系统认为变化的累积产生量变，量变产生能变，能变产生质变，最终完成使命，实现自我存在的价值和生命的意义。

笔者跑步习惯的养成，也是韧于信，正于知，演于行，成于习，显于性，变于运，授于命的完整过程。

后　记

　　本书系我在企业做"职业价值塑造和规划"培训课程的主要内容，获得了大部分受众的好评和谬赞。我也是参考书中所写的"人之七格主动干预系统"的规律去执行，获益颇丰。本书的内容经过20多年的讲授、积累和完善，日渐成型，遂有必要整理成册，让更多的人可以认识到主动干预系统的重要性和必要性，无论职业发展、家庭关系、社会事务、工作事业、身心健康等，如果切身以行之，不无裨益。即使不能身体力行，也可以当成消遣休闲的读物，博君一哂。

　　本书的内容，并非市场上泛滥成灾的成功学或者心灵鸡汤，而是认为在主观能动领域，存在一个可以开发潜能的主动干预系统，就如同健康的身体存在免疫系统、代谢系统，却不为人所察觉，但如果能够认识其运行规律并加以应用，可令人收益倍增，本书尝试用分解—组合的方式去解释主动干预系统的运行原理，去帮助那些有需要的人。

　　本书的内容除了作者在授课和身体力行过程中的思考感悟，也受益于家人和师友们。家人们温润良善的人格和言行，无时无刻不在感染、感动着我；在与众多师友的聊天思辨中，他们精辟尖锐的观点或者批评也给我很大的启发。年少时的同窗一句"著书立说"的鼓励，以及姐姐说的可以"让受众更多一些"，让我终于开始认真思考并整理成册。本书出版虽是完成自己的一个夙愿，但离不开在生活、学习和从业过程中家人、师长、前辈、同事、同学和亲朋好友的支持、关爱和帮助，在此一并致以最崇高的敬意和最深切的谢意。另外，书内使用的案例和资料，多数是从公开资料收集整理汇总而成的，未逐一列明出处，在此也一并感谢，互联网时代让知识共享更为便利。

　　本书的初稿于 2023 年 2 月 8 日凌晨五点半完成，五点半是我起床的时间，也是每天晨跑前的准备时间。从 1 月 30 日落笔始，用了近 10 天的时间完成了本书的整理，因为都是思考成熟的内容，过程还算顺利。2 月 11 日，我乘坐东铁线重返香港红磡尖沙咀海滨长廊，跑步打卡 12 公里，顺便把寄放在酒店三年的行李包取回来，里面没有什么贵重的东西，只有一个篮球、一双运动鞋和几套跑步服。早起，顺利过关，赶上了第一班七点钟的列车，在列车入口处看见终点站由红磡变成了金钟，东铁线终于可以过海了，从香港回深圳可是方便多了。三年前我在中环办公室下班之后，不愿意回酒店住，也头疼每天晚上高峰期的车水马龙，时间太久，因此更愿意搭乘地铁或高铁回家。半山辗转而下，穿过兰桂坊灯红酒绿的喧闹，从中环站出发，到西九龙坐高铁到福田站，或者是尖东站转红磡站或转九龙塘站，再坐到罗湖站，一路颠簸，回到家也需要一个半小时。现在东铁线直接过海，估计也就一个小时，省了太多换乘的步行路段。镜头掠过深圳河、东铁线、红磡站、红隧入口、维多利亚港、维港上空乱入镜头的一只鹰、星光大道、中环摩天轮、香港红磡体育馆……都还是旧模样，甚至酒店旁边的篮球场，还是那些旧球友在 Four to Four（四对四）。

　　生活就是如此，当太阳升起来的时候，天总是会亮的。面对未来，还是要保持着乐观的心态和信心，这种信心，来自对市场经济的信任。只要坚持走市场经济的道路，也只有坚持走市场经济的道路，中国梦就会脚踏实地一步步实现。

曲洪良

参考书目

［1］阿比吉特·班纳吉，埃斯特·迪弗洛. 贫穷的本质：我们为什么摆脱不了贫穷［M］. 景芳，译. 北京：中信出版社，2013.

［2］保罗·萨缪尔森，威廉·诺德豪斯. 经济学［M］. 萧琛，译. 北京：商务印书馆，2013.

［3］彼得·圣吉，阿特·克莱纳，里克·罗斯. 第五项修炼［M］. 郭进隆，译. 上海：上海三联书店有限公司，2002.

［4］伯特兰·罗素. 西方哲学史［M］. 何兆武，译. 天津：天津人民出版社，2014.

［5］菲利普·科特勒，凯文·莱恩·凯勒. 营销管理［M］. 卢泰宏，高辉，译. 北京：中国人民大学出版社，2009.

［6］冯友兰. 中国哲学简史［M］. 赵复三，译. 北京：民主与建设出版社，2017.

［7］弗雷德里克·泰勒. 科学管理原理［M］. 马风才，译. 北京：机械工业出版社，2013.

［8］加里·德斯勒. 人力资源管理［M］. 刘昕，译. 北京：中国人民大学出版社，2017.

［9］卡尔·古斯塔夫·荣格. 人、艺术与文学中的精神［M］. 姜国权，译. 北京：国际文化出版公司，2011.

［10］卡尔·古斯塔夫·荣格. 原型与集体无意识［M］. 徐德林，

译．北京：国际文化出版公司，2011．

［11］卡尔·古斯塔夫·荣格．心理结构与心理动力学［M］．关群德，译．北京：国际文化出版公司，2011．

［12］卡尔·古斯塔夫·荣格．心理类型：个体心理学［M］．储昭华，沈学君，王世鹏，译．北京：国际文化出版公司，2011．

［13］卡尔·古斯塔夫·荣格．转化的象征：精神分裂症的前兆分析［M］．孙明丽，石小竹，译．北京：国际文化出版公司，2011．

［14］卡尔·古斯塔夫·荣格．弗洛伊德与精神分析［M］．谢晓健，王永生，张晓华，等译．北京：国际文化出版公司，2011．

［15］卡尔·古斯塔夫·荣格．象征生活［M］．储昭华，王世鹏，译．北京：国际文化出版公司，2011．

［16］卡尔·古斯塔夫·荣格．人格的发展［M］．陈俊松，程心，胡文辉，译．北京：国际文化出版公司，2011．

［17］孔子．论语［M］．北京：中华书局有限公司，2016．

［18］老子．道德经［M］．合肥：安徽人民出版社，1990．

［19］老子．老子［M］．郑州：中州古籍出版社有限公司，2017．

［20］乔·蒂德，约翰·贝赞特．创新管理［M］．陈劲，译．北京：中国人民大学出版社，2020．

［21］史蒂芬·柯维．高效能人士的七个习惯［M］．高新勇，王亦兵，葛雪蕾，译．北京：中国青年出版社，2020．

［22］斯蒂芬·罗宾斯，玛丽·库尔特．管理学［M］．刘刚，梁晗，程锡镕，等译．北京：中国人民大学出版社，2022．

［23］西格蒙德·弗洛伊德．梦的解析［M］．陈晓云，那振玲，译．武汉：武汉出版社，2013．

［24］西格蒙德·弗洛伊德．性学三论［M］．任兵，译．天津：天津科学技术出版社，2019．

［25］西格蒙德·弗洛伊德. 精神分析引论［M］. 周丽, 译. 武汉: 武汉出版社, 2018.

［26］西格蒙德·弗洛伊德. 自我本我与集体心理学［M］. 戴光年, 译. 长春: 吉林出版集团股份有限责任公司, 2015.

［27］亚当·斯密. 国富论［M］. 谢祖钧, 译. 北京: 中华书局有限公司, 2012.

［28］亚当·斯密. 道德情操论［M］. 张春明, 译. 北京: 经济管理出版社, 2022.